100語でわかるマルクス主義

【文庫クセジュ】

ジェラール・デュメニル／ミシェル・レヴィ
エマニュエル・ルノー著
井形和正／斎藤かぐみ訳

白水社

【文庫クセジュ】

100語でわかるマルクス主義

ジェラール・デュメニル／ミシェル・レヴィ
エマニュエル・ルノー著
井形和正／斎藤かぐみ訳

白水社

目次

序文

マルクスは存命中にこの語を拒否していたが、マルクス主義は第一にマルクス（一八一八～八三年）の思想である。マルクス主義は際立って豊かで、つねに変化し、結局は未完成のまま残された思想である[1]。しかし、マルクス主義がマルクスに負っているものは、それがエンゲルス（一八二〇～九五年）に負っているものと切り離せない。エンゲルスは『ドイツ・イデオロギー』（一八四五～四六年）や『共産党宣言』（一八四八年）のように広く知られた著作の共著者であり、マルクスの死後に出版された『資本論』第二巻と第三巻の編集者である。二人の思想は彼らの死後、その遺産継承者を標榜する思想家や政治勢力によって、非常に多様な方向に展開した。こんにち「マルクス主義」と呼ばれるものは、そうした展開の総体である。とはいえ、この呼称はしばしば論争の種になってきた。ある分析、ある立場をマルクス主義とみなすことは、はたして正当化されるのか。ある者がマルクス主義者を自称するのは、はたして妥当なことなのか。本書の役割は「誰がマルクス主義者か」、誰がそうでないかを決めることでは断じてない。マルクス主義の用語を体系化したり、「政治的に」正しく「科学的に」正確な解説を行なうこと

でもない。本書の目的は、マルクス主義の最も重要ないくつかの概念への手引きを試みることにある。(2)

（1）この思想への入門書として次の著書も参照いただければ幸いである。Lire Marx (G. Duménil, M. Löwy, E. Renault), Paris, PUF, 2009).

（2）あらゆる項目選択の例に漏れず、本書での選択もまた主観性と恣意性を免れない。足りない部分を補い、また知識を深めていただくために、たとえば次のようなマルクス主義事典の類をおすすめしたい。G. Labica and G. Bensussan (eds.), Dictionnaire critique du marxisme, PUF, Paris, 1985. および W. Haug (ed.), Historisch-Kritisches Wörterbuch des Marxismus, Argument Verlag, Hamburg, Berlin, 1994. 経済学用語はおおむねいずれも、一連の広範な関連研究が存在するが、それらのあいだに一致した見解があるとは言いがたい。たとえば「転形」、「利潤率低下の傾向」、「再生産表式」などがそうであり、参考文献を「一つだけ」挙げるのは困難である。いちばんよいのは New Palgrave Dictionary of Economics（インターネットで閲覧可能）のような経済学事典を参照いただくことであろう。

したがって、本書は「一つのマルクス主義」というより「複数のマルクス主義」に関するものとなる（ジェルジ・ルカーチからアントニオ・グラムシ、アンリ・ルフェーヴルからテオドール・W・アドルノ、ヴァルター・ベンヤミンからエルネスト・チェ・ゲバラまで）。そうした多様性はおもに、労働者運動および反資本主義闘争の歴史に由来する。一八六四年に設立された第一インターナショナルは、マルクスを指導者の一人とした。一八八九年にエンゲルスらの主導により設立された第二インターナショナルでは、マルクスの著作がすでに基本文献となっていた。一九一七年にロシアでボルシェヴィキ革命が勝利すると、新たな時代が幕を開ける。マルクスの継承をそれぞれ主張しながら、労働者運動は再び分裂するはめになり、「マルクス＝レーニン主義」と称するものが誕生したのである。それは一連の教義の集成であり、その名のもとに進められたマルクス主義の厳格性の追求が、スターリンの辣腕によって弾圧手段と化していった。

望ましかろうがなかろうが、歴史的意義がどうであったにせよ、このマルクス主義もまた一つのマルクス主義である。とはいえ、それに対する批判も同時期に並行して展開されていく。体制批判の中心となったのは、トロツキーを軸とする反対勢力であった。一九四九年には、中国でも革命が勝利を収める。「中ソ論争」を通じてマルクス主義の新たな解釈が打ち出され、新たな路線が敷かれていった。一九七六年に毛沢東が没すると、諸々の改革が開始され、現在の曖昧な方向性につながることになる。この間に、キューバで革命が起こり、アフリカにさまざまな社会主義政権が樹立され、第三世界運動が勃興した。その結果、マルクス主義は草創期のヨーロッパ中心主義を脱し、根底的な刷新を促された。

マルクス主義の多様性はさらに、社会理論としての多面性にも由来する。哲学者、政治学者、社会学者、歴史学者、経済学者、誰もがそこに自己の研究を豊かにする材料を見出している。このように多彩な分野でマルクス主義に触発された知識人は、マルクス主義の名のもとに築かれた体制によって制度化されたマルクス主義とは、つねに困難な関係にあった。服従、疑念、異論、等々。だが、彼らが歩みを止めることはなかった。

本書の大部分の項目では、そこで取り上げた概念にどのような政治的、経済的、哲学的な意味があり、それらがどのように絡まり合い、現在までの議論でどう利用されてきたかの説明を試みた。ただし、マルクスとエンゲルスの著作には専門性の高いものもあるため、項目によってはその分野に即した記述をした。もっぱら哲学的な概念についてはエマニュエル・ルノー、経済学的な概念はジェラール・デュメニル、政治学的な概念はミシェル・レヴィが担当した。

本書の中心をなすのは、マルクス主義の遺産とさまざまな形の現代マルクス主義であり、そこに関わる人物、雑誌や書物、会議や講演、国立の学校や国際的な討論である。この遺産は、程度あるいは形態を異にしつつも、資本主義秩序に対する根本的な異議申し立ての大部分に共通する源泉となっている。コレクション・クセジュの一冊としての本書の刊行は、二〇〇七年に資本主義が突入した新たな大恐慌のもとで、マルクスの思想への関心が復活しているタイミングと重なった[1]。本書のさまざまな項目を通じて、マルクス主義の主要著作や現状へと、読者が目を向けてくださることになれば幸いである。

（1）原著第一版の刊行は二〇〇九年である〔訳注〕。

用語目次

自主管理（連合した生産者、労働者による掌握）
自然
自然主義
地代
実践／プラクシス
資本（価値増殖と流通、生産手段）
資本構成（技術的構成、価値構成、有機的構成）
資本主義的生産様式の矛盾
資本の集積と集中
資本の流通（商品資本と貨幣資本と生産資本、資本の循環、固定資本、流動資本、資本の回転、流通費用）
資本への労働の従属
社会化
社会階級（社会的な生産諸関係、抑圧者と被抑圧者）
自由（抑圧、自己解放、自由の王国）
宗教（人民の阿片）
重層的決定

商品と価値（使用価値、交換価値、価値法則、交換法則）
商品の物神性
剰余価値（搾取、労働力、不変資本と可変資本、剰余価値率、資本の価値増殖、絶対的剰余価値と相対的剰余価値）
進歩（生産諸力、目的論）
信用（信用制度）
スターリン主義（一国社会主義、官僚国家）
西欧マルクス主義（悲観論、文化の分析）
生産
生産様式（階級、生産諸力、生産諸関係、資本主義、社会編成）
政治（国家と政治、政治批判、政治の終焉）
全体
疎外（宗教的疎外、疎外された思考、政治的疎外、疎外された労働）
蓄積（人口法則、資本主義的蓄積の法則、産業予備軍、貧困化、本源的蓄積）
抽象化（抽象的思考、抽象物／具体物、現実的抽象化）
賃金（賃労働者層、賃金鉄則）
通交（人間のあいだの）

帝国主義
哲学（批判、哲学の実現、哲学からの脱出）
党（前衛党、レーニン主義）
道徳
独占（独占資本主義、国家独占資本主義）
トロツキズム（第四インターナショナル、永久革命）
人間主義（現実的人間主義、新しい人間、反人間主義）
農民層（農民国、ロシア農民共同体）
反映
反資本主義（野蛮、不合理性）
批判（批判、自己批判、批判的マルクス主義）
ファシズム（テロ独裁、大資本、「ポピュリズム」）
物象化
ブルジョワジー（所有者、資本家、階級分派）
プロレタリアート（賃金労働者、歴史的使命、知的労働者）
プロレタリア独裁（過渡期、パリ・コミューン）

歴史
レーニン主義（ソヴィエト、マルクス＝レーニン主義）
労働（生産的労働と不生産的労働、具体的労働と抽象的労働、単純労働と複雑労働）
労働過程（労働過程と価値増殖過程、自然と人間の物質代謝としての労働、労働批判）
労働者評議会
ロビンソン物語

本文中の＊は、一〇〇語のなかに含まれる用語であることを意味する。

イデオロギー

イデオロギーという語は、科学主義的な発想に立つ思想家アントワーヌ・デステュット・ド・トラシーによって、「生理学の一部門」たる「観念の科学」を意味するものとして、一七九六年に初めて使用された。トラシーやその仲間を敵視したナポレオンは、現実からかけ離れた理論家という意味をこめて、この語を蔑称として使用した。マルクスの言うイデオロギーは、二番目の意味のほうである。この語によって『ドイツ・イデオロギー』（一八四六年）で示されるのは、観念と表象の総体——道徳*、宗教*、哲学*、形而上学、政治学説——であるとともに、それらが現実の歴史を規定しているという転倒した社会的関係の像である。『経済学批判』（一八五九年）の有名な序言では、社会的関係の歴史が「精神のうちに多様な形で反映したもの」として、イデオロギー——「イデオロギー的上部構造」とも言い表わされる（「基盤」の項参照）——が定義される。『ルイ・ボナパルトのブリュメール十八日』（一八五二年）では、語としてはイデオロギーは用いられていないが、既存の社会的関係を基盤として社会階級によって作られた「感覚、幻想、思考法という上部構造全体」への言及がある。

レーニンにおいて、続いて共産主義運動の中で、この語はもはや蔑称ではなくなり、「プロレタリア的イデオロギー」、「イデオロギー水準」、「イデオロギー作業」といった用いられ方をするようになった。社会学者カール・マンハイムは、イデオロギー、すなわち秩序保持に徹する表象体系を、ユートピア、すなわち転覆をめざす思想と対立させる（『イデオロギーとユートピア』、一九二九年）。また、ルイ・アルチュセールは一九六〇年代の著作で、厳密な「イデオロギー的切断」により科学をイデオロギーと峻別し、マルクスの成熟期の著作が前者に属するのに対して、初期の著作はルートヴィヒ・フォイエルバッハや青年ヘーゲル派と同様に後者に位置付けられるとした。

階級闘争

マルクス主義歴史理論の最重要概念と言ってよいだろう。その古典となった定式は、一八四八年の『共産党宣言』の冒頭にある。「こんにちまでのあらゆる社会の歴史は、階級闘争の歴史である。自由民と奴隷、パトリキとプレブス、領主と農奴、ギルドの親方と職人、要するに抑圧者と被抑圧者がつねに対立し、時には隠然と、時には公然と、絶え間なく闘争を行なってきた」。エンゲルスは一八九〇年に、ここでいう歴史が、書き残された歴史を指すことを注記した。かつて階級のない、したがって階級闘争のない原始共産社会*が存在したことが、この間にゲオルグ・ルートヴィヒ・マウラーやルイス・ヘンリー・モルガンの研究によって示されたからである。『共産党宣言』の冒頭で、純然たる経済学上の用語ではなく政治的な用語でもって、階級闘争の当事者が「抑圧者と被抑圧者」と表現されたことは興味深い。

一八五二年に友人のヨーゼフ・アルノルト・ヴァイデマイアーに宛てた手紙に記したように、マルクスは自分が最初に社会階級とその闘争の存在を喝破したわけではないことを自覚していた。階級闘争の概念自体は、アンリ・デロシュが論証したように、オギュスタン・ティエリの一八二九年の著作『サン＝シモンの説の論解』など、フランスの歴史家からも提示されていた。だが、マルクスの言う階級闘争は、ティエリのような人種的な意味合いとも、デロシュのような進化主義とも無縁である。

エンゲルスの一八五〇年の『ドイツ農民戦争』、マルクスの五〇年の『フランスにおける階級闘争』、五二年の『ルイ・ボナパルトのブリュメール十八日』、七一年の『フランスの内乱』といった一連の著作に見られるように、階級闘争は彼らの歴史研究において根幹的な位置を占めている。その主眼はプロレタリアートとブルジョワジー*の闘争だが、他の階級や階級分派にも目配りがされている。階級闘争の帰結について、『共産党宣言』では、ブルジョワジーの没落とプロレタリアートの勝利は「ともに不可避である」との信念が述べられているように思われる。ただ別の一節には、階級闘争は社会の革命的変革をもって終わるか、「闘い合う階級の共倒れ」に終わるかのいずれかであったとの記述もある。

階級と所得

マルクスは『資本論』第三巻の最後で、資本主義における所得形成の経路と階級との関連付けに論及している。生産的労働者の労働力の購入価格たる賃金*に対しては労働者階級、利子*に対しては生産手段の所有者たる資本家階級、地代*に対しては地主階級、マルクス言うところの「三位一体の定式」である。

そうした関連付けは、ブルジョワ経済学者の理解によるもので、怪しげなものでしかない。マルクスはなかでも利子と資本との関連付けを一笑に付す。主流派の理論は、利子と地代のうちに、剰余価値*形態*を見ない。そのために社会的諸関係が物象化*され、「梨の木が梨の実を生む」のと同じぐらい自然に、資本が利子を生むという話になっているのだ。

解放

マルクスは解放の問題を最初は疎外*、次いで階級*支配の枠組みで探究し、いずれにおいても政治構想の中核に据えている。

一八四四年の『独仏年誌』で解放の概念が提示されるのは、フランス革命の批判、より広くは政治的疎外の批判を展開した部分である。そこでいう政治的解放は、まだ実現されていない解放の約束、政治的であるだけでなく社会的、人間的な（「人間主義」の項参照）解放の約束だった。解放という政治構想の性質は、共産主義*の定義とともに変化する。共産主義は、疎外の総体を止揚することでもなく、人間が自己の自然を再領有化すること（「領有」の項参照）でもなく、階級支配を止揚することを意味するようになる。この枠組みにおける解放は、主として社会の階級構造の止揚を指すことになる。

マルクスは、それは自己解放*によってしか実現できないと強調する（一八七一年にウジェーヌ・ポティエが書いた『インターナショナル』の歌詞の趣旨も同様である）。

解放の過程における党*と国家*、自主管理*と計画化の役割をめぐっては、その後に多くの議論が展開された。その一方で、解放を階級支配の止揚としてだけではなく、「性」と「人種」の社会的諸関係の止揚として捉えようとする議論は、まだ緒に就いたばかりである。

科学

マルクスにおいて、科学は一方では哲学*よりも上位のものとして、他方では批判*と脱神秘化の作用をもつものとして賞揚される。科学の機能は、経験世界の合理的再構築という手順によって事物の性質を把握する点にある。「事物の現象形態と本質が混同されるならば、どのような科学も余計であろう」（『資本論』）。古典派経済学*に浸透し、革命的闘争を妨げる物神的な幻想とイデオロギー*的な障害を解体することが、『資本論』の科学的アプローチの機能となる。

『資本論』の序文で物理、化学、生物学を範として挙げ、ダーウィンの発見に熱狂しつつも、マルクスは経済学の数式化の企てであろうと（一八八〇年三月六日の手紙）、ダーウィン理論を普遍的に適用しようとする試みであろうと（一八七〇年六月二十七日の手紙）、すべての科学的還元主義に反対した。

マルクスは科学の歴史についても考察した。自然科学の展開が、いかに資本主義に裨益するものであり、なぜ共産主義*革命*では、そのような疎外された集団的理解の諸形態の再領有（「領有」の項参照）が必要となるのか、の説明が『経済学批判要綱』（一八五七〜五八年）の中に見出される。

マルクス主義においては、科学の性質の問題を巡る二つの大きな論争が起きている。近代科学は合理性の進歩*なのか、それとも物象化された理解の諸形態なのか（ジェルジ・ルカーチ）？ 科学の普遍性を擁護すべきなのか、それとも逆にプロレタリア*科学を擁護すべきなのか（ルイセンコ主義）？ そこで問われたのは、科学の認識論的価値と政治的機能である。

革命

十六世紀半ば以降、社会的・政治的秩序の激変、あるいは社会の支配集団の転覆を意味するようになるが、それまでは天体の回転運動の意味で用いられていた。マルクス＝エンゲルスは、この現代的な意味での革命と階級闘争*を関連付ける。十六世紀のドイツの「農民戦争」は農民革命であり、十七世紀のイギリスと十八世紀のフランスの大革命はブルジョワ革命である。そして一八七一年のパリ・コミューンや、きたるべき社会主義的（「共産主義」の項参照）動乱は、プロレタリア*革命＝労働者革命であるということになる。初期の著作には、共産主義*革命という用語も登場する。一八四八年の『共産党宣言』では、共産主義革命は「古来の所有諸関係との最も根本的な決裂」として規定されている。マルクス＝エンゲルスによれば、プロレタリア革命＝労働者革命は、革命的前衛や革命的エリートの行為ではなしに、労働者自身の革命的自己解放*プロセスでなければならない。そうした革命的な階級闘争観に立つ二人は一八七〇年代に、エドゥアルト・ベルンシュタインらドイツ社会民主党の一部の指導者に対して、「日和見主義者」「議会クレチン病」といった批判を加えた。

ローザ・ルクセンブルクは、ベルンシュタインを批判した一八九九年の有名な小冊子『社会改良か革命か』で、マルクス主義者は改良に反対するどころか大いに賛成であると主張する。改良を徐々に積み重ねたところで、資本主義を打倒するには至らないと考えているのであって、打倒のためには「革命の鉄槌」が必要である、と彼女は論じている。このような「革命派」と「改良派」の分断は、二十世紀を通じて労働者運動の歴史を貫くことになる。

価値の生産価格への転形

異なる部門に関わっている資本間の競争*の理論において、マルクスは〔資本論〕一巻の交換法則にかえて、資本主義的な商品交換法則を用いるようになる。前者では、商品*の価格は価値に比例した価格を重心として動こうとする。それに対して後者では、商品*の価格は生産価格を重心として動こうとする。生産価格とは、各部門の企業の平均に対し、全部門に関して同一の利潤率*を与える価格である。

資本主義の商品が価値に比例して交換されているわけではないという事実は、『資本論』の続巻が刊行されて以来、マルクス主義経済学者にとって衝撃となってきた。このように価値に比例した価格に「執着」するのは、一巻でマルクスが示した剰余価値理論*では、商品が価値に比例して交換されることが前提とされていたからである。マルクスは一巻ではこの仮定を強調して、交換法則が資本家によって破られているわけではないと主張する（剰余価値の源は、その価値によって購入されたところの商品、すなわち労働力が価値を生む点にある）。

マルクスはそれゆえに三巻で、生産価格が価値形態*であり、競争によって均等化された利潤があくまで剰余価値形態である点を示すことにこだわっている。マルクスの念頭にあるのは、この新しい価格によって、価値を創出する労働時間が「再分配」されるということであり、さまざまなプレーヤー（ここでは部門）からカードを回収し、それを違ったやり方で分配するというイメージである。マルクスがそこに見ているのは、価値を起点とした生産価格の「演繹」である。マルクスはこれを「転形」と呼ぶ。ここでいう生産価格の演繹は、論理上の導出である。価値からこのように演繹されない生産価格は「無内容な表象」になろう、とマルクスは述べる。

しかしながらマルクスはその一方で、数量的な導出という形でも生産価格を導入している。その意味は、さまざまな商品の価値を起点として生産価格を計算するということである。二つの部門から成る経済を例にとってみよう。そこでは一〇〇と二〇〇の資本が（何らかの貨幣単位で）それぞれに投資されている。最初の部門では、一〇〇の資本が八〇の不変資本と二〇の可変資本に分割され、一〇〇パーセントの剰余価値率が二〇の剰余価値を生む。第二の分野では、二〇〇の資本が一三〇の不変資本と七〇の可変資本に分割され、同一の剰余価値率（「同等の労働に対して同等の賃金」）が七〇の剰余価値を生む。価値に比例した価格に対して、利潤率はそれぞれ二〇パーセントと三五パーセントである。マルクスは剰余価値のカード、すなわち合計九〇を回収し、次いで資本に比例して、すなわち三〇と六〇に再分配することで生産価格を決定する。均等な利潤率は三〇パーセントであり、それぞれの部門の商品の総生産価格は一三〇と二六〇である。

この計算に基づけば論理構成上、総剰余価値は総利潤と等しくなる。マルクスは、同様に総価値は総生産価格と、すなわち上記の例では三九〇と等しくなると主張する。問題は、この計算が資本の諸要素価格を正しく算入していない点である。諸要素もまた生産価格に比例した価格で購入されていなければならない。その補正を加えると、価値の総計と生産価格の総計が等しくなることは、意味のない偶然のケースを別とすれば、検証できなくなってしまう。この問題を巡っては、膨大な文献が積み重ねられてきた。

この転形問題の解決は、形式表現に特有の性格を考えても見付からない。なぜならば、生産価格の場合に限らず、すべての価格体系は、とくに地代*を含む価格体系は、価格を価値形態として、利潤（と地代）を剰余価値として解釈できるものでなければならないからである。この問題の争点は理論上の根本的原理の再定義にあり、その解釈は依然として議論の的となっている。

貨幣、金銭

マルクスの著作中の「金銭」と「貨幣」は、後者がドルのような個別の通貨を意味する場合を除き、同義語と見なければならない(1)。

(1) ドイツ語の「ゲルト」に対して通常「金銭(アルジャン)」または「貨幣(モネ)」が充てられるフランス語に特有の問題と思われるため、前者についても本書の訳語は「貨幣」で統一する〔訳注〕。

『資本論』では、貨幣の導入に先立って商品理論*と交換理論が置かれ、資本主義的生産様式*に先行する生産者社会を想定した記述が展開される。生産はまず自己の欲求の充足を、次いで一部は交換を目的として行なわれる。交換が恒常的に繰り返されるようになると、生産条件が交換を前提としたものに変化する。マルクスの表現によれば「生産物の商品への転化」である。交換が繰り返されるうちに一部の商品が、典型的には頻繁に交換される商品が、価格交渉や交換実行の基準として用いられるようになる。それは「一般的等価物」の機能を果たす。この特殊な商品の量でもってさまざまな商品の価値が表わされ、それらの等価性について判断できるようになるという意味である。たとえば黄金のように、特殊な性質(分割可能性、保存性)を備えた一商品が、ついには他の商品から遊離する可能性がある。そうした商品が貨幣となる。貨幣は取引成立の有無と無関係に価値の評価に用いられる。また(二つの商品を即座に交換するのではなく)買いと売りを分離する余地を作り出す。さらには保存される(退蔵される)場合もある。

環境社会主義

環境社会主義はここ三十年間で大きく発展した。マヌエル・サクリスタンやアンドレ・ゴルツが先鞭を付け、多数の論者が後に続いている。

彼らの政治的な方向性は一様ではないが、大部分に共通する一定のテーマがある。環境社会主義は、生産至上主義——の資本主義的形態、あるいは官僚主義的形態（旧ソ連）——に見切りを付け、自然破壊的な生産・消費様式の無際限の拡大に反対する。それは、マルクス主義的な社会主義の基本理念と、生態学的な批判論とを連結する独自の試みとなっている。

ジェームズ・オコーナーによれば、環境社会主義は、社会の欲求と環境保護の必要に応じて生産を組織化することで、交換価値を使用価値（「商品」の項参照）に従わせることを目指す理論や運動として定義される。その目標はエコロジカル社会主義、つまり生態学的に合理的な社会である。そのような社会は民主的統制、社会的平等、使用価値の優越を基本とすることになる（*Natural Causes : Essays in Ecological Marxism*, 1998）。

環境社会主義者の中には、マルクス主義の観点からの資本主義批判を掲げつつ、生産諸力の無限の発展というマルクスのテーゼを問題視する者もかなりいる。彼らは再生可能エネルギーを基礎とした技術構造の刷新、一部の呼び方では「ソーラー共産主義」を唱えている。二〇〇七年には国際環境社会主義ネットワークが、二〇〇一年発表の「国際環境社会主義宣言」を受けてパリで結成された。

擬制資本

マルクスによれば、資本とは運動状態にある価値である。資本の運動とは、自己の増殖（「資本」の項参照）を目指して、ある形態から別の形態へと移行することをいう。資本に似ていても、この定義に当てはまらないものは、「擬制資本」と呼ばれる。たとえば貸付資本（「利子」の項参照）はすべて擬制資本である。

擬制資本は「擬制」の程度により二つに大別される。第一は、国家が赤字補塡のために発行する証券〔国債〕である。国家は借入によって集めた資金を資本主義的企業活動に投下するわけではない（ここでは産業的企業の国有化は捨象する）。この貨幣は賃金*、用品購入、建設、インフラの形で支出されるが、資本が運動状態に置かれて循環するわけではない。信用の提供者が受け取る利子は、国家が集めた税金（あるいは新たな借入）の一片である。第二に、企業が行なう借入〔社債〕や発行する株式も、マルクスによれば「擬制資本」に分類される。それはまさに資本として投下されるのではあるが、二重になるわけではないとマルクスは強調する。すなわち、一方では資本の循環に入る資本、他方ではこの資本に対する債権として、二重に存在するわけではない。取引所その他の市場において証券、とりわけ株式が、将来の利得に関する計算・期待を反映した価格で取引され、投機的な運動に翻弄されるという独自の動きを示す事実によって、そのような観念が強められているにしても。
擬制資本が金融恐慌の際にどういう事態を引き起こすか、とりわけ擬制資本の保有者が一斉に雪崩を打って、自分のカネを取り戻そうとすればどうなるかは、容易に想像することができる。彼らの願いは総じて叶うことがない。

基盤、構造、上部構造

『経済学批判』（一八五九年）の序言に、次の有名な表現がある。「この生産諸関係の総体が社会の経済的構造（Bau）、すなわち現実的基盤（Basis）をなしている。この基盤の上に法的政治的な上部構造（Überbau）が建っており、その上部構造に特定の社会的意識形態が呼応する」。「経済中心主義者」と言われるマルクス主義の一派は、この定式に機械論的解釈を加え、すべての社会編成（「生産様式」の項参照）は経済的下部構造によって直ちに決定され、現行の表象はこの下部構造の反映*に過ぎないと説いた。

しかしマルクスにおいては、経済的基盤とその他の社会的生活との関係は、機械的でも直接的でもない。たしかに唯物史観*の特色は、制度や表象の体系を経済的要因から説明することにある。だがマルクスは同時に、階級闘争*に固有な推進力の重要性を強調し、同じ社会編成のさまざまな要素のあいだに相互作用があることを力説する。エンゲルスも同様に、上部構造には相対的な自律性があり、経済的条件が決定的となるのは「最終審級*」においてだけであると述べる。

またマルクスは繰り返し、イデオロギー編成（マルクスは上部構造の要素の中にではなく、それに「呼応」する「意識」形態の中に含めていた。「イデオロギー」の項参照）、法的政治的制度や社会的制度が、歴史上のあらゆる時代を通して同じように条件付けられるわけではないことを強調した。ルイ・アルチュセールはこれを受けて、社会編成のさまざまな審級のあいだの関係は「支配因をもって構造化された複合的全体」であるとして、それらの審級と経済的条件との関係を重層的決定*の概念によって記述しようとした。

協業とマニュファクチュアと大工業

生産の技術的・組織的な様態の分析は、マルクスの著作の中で非常に大きな位置を占めている。そうした機制の変容が及ぼす影響については、『資本論』第一巻の終わり（資本主義的蓄積*の法則の研究）と第三巻（利潤率低下の傾向*の研究）で考察される。機制の内容（様態）に関する分析は、とくに第一巻で相対的剰余価値*が導入されるくだりに集中している。マルクスは剰余価値*の「相対的」な増殖の追求が、技術的・組織的な変化の動機をなすと考えるからだ。

マルクスの分析の対象は、協業、マニュファクチュア的分業、および（大工業に見られるような）機械化の三つに大別される。これらは累積的な関係にある（前のものがなければ後のものは生じない）。協業においては、複数の労働者が結合して、一つの業務を実行する。そこに労働効率を上昇させ、したがって生産性を上昇させる可能性が潜んでいる。マニュファクチュア的分業では、細分化された業務が連続的に遂行されることで、特定の物品が生産される。労働者がグループに分かれ、生産物の別々の実現段階に特化すれば、効率が大きく上がるとの発想に立つ。労働者にとっては労働が単調になるという代償があり、資本家にとっては管理しやすいという利点がある。機械化は、労働力の潜在的生産能力を増大させる。機械化の実施は、協業とマニュファクチュア的分業の成立によって大きく促進される。

恐慌

マルクスは恐慌を重視していたが、その経済学の著書の中には恐慌理論に当てた編も章も見当たらない。彼が執筆を企てた大部の経済学批判は当初の構想では、最終部で世界市場と恐慌を扱うはずであった。しかし、マルクスは計画を完遂できなかったので、その輪郭をつかむためには、『資本論』の一連の文章を読み合わせなければならない。

恐慌にはさまざまな類型がある。第一に産業循環（こんにちでいう「景気循環」）の一局面としての恐慌である。マルクスは十九世紀初頭に現われ始めたこの循環をきわめて正確に記述した。彼が区別する局面の数は一定しないが、安定、景気回復、繁栄、過剰生産、大暴落、不況、そして再び安定といった局面がある。狭義の恐慌は過剰生産（商品は提示された価格では買い手がつかなくなる）、大暴落（生産が突然に収縮する。「景気後退」）および不況（生産が激減する）に対応する。過剰生産は循環の一つの局面に過ぎないながら、この種の恐慌は「全面的な過剰生産の恐慌」と名付けられている。実際、農産物の欠乏が中心的な役割を演じた以前の恐慌との対照は鮮烈である。概してこのような恐慌は、信用および証券取引所に起こる金融恐慌によって複雑化する。因果関係は先験的に相互的であり、時勢に大きく依存する。現実の資本主義はこんにちもなお、このような激動に陥りやすい。

マルクスによれば恐慌はつねに利潤率低下の帰結である。利潤率の低下が景気変動レベルにとどまることもある。雇用の拡大が賃金購買力*の上昇を引き起こす（「蓄積」の項参照）場合などであり、マルクスはこれを「資本の過剰蓄積」情況と呼ぶ。過剰蓄積は拡大局面、いわゆる「繁栄」期の特徴である。そこで賃金の上昇が起こると、経済は「大暴落」に向けて雪崩を打つ。利子*率の上昇もまた、同様に拡大局面と結び付くと、同じ結果を生み出す可能性がある。

その種の利潤率の急激な低下とは別に、恐慌の情勢を助長する長期的な低下局面（利潤率低下の傾向*と連動したもの）もあることをマルクスは特筆し、この動向に蓄積の鈍化や投機を関連付ける。そのような恐慌期は、マルクス自身の表現ではないが「構造的恐慌」と呼ぶことができる。資本主義は十九世紀末からこんにちまでのあいだに、一八九〇年代と一九七〇年代の二回にわたってこの種の恐慌を経験した。

マルクスは資本主義の恐慌の原因が、販路の不足を引き起こす賃金不足にあるとは考えない。彼は『資本論』二巻でそのような説に明確に反駁し、恐慌の発生の前には概して賃金の上昇局面があるとする。他方において、資本主義の恐慌の「最終的な根拠」はあくまで、収益追求に駆動された生産様式が、（資本主義に替わるのを見たいと彼が望んでいた新しい社会の中でのように）労働者の欲求を充足させようとする力学に律されているわけではない点にあることも、マルクスは名言している。この二つを混同してはならない。

循環の恐慌は、大半の部門が打撃を受けているという意味で「全面的な」恐慌である。『剰余価値論』の草稿でマルクスは一部の部門に関わる部門別恐慌について触れているが、それは産業循環の段階としての恐慌ではない。マルクスは二巻でも、一部の部門で問題が起きるような場合を取り上げて、部門別恐慌に言及している。全般的にマルクスは、恐慌は部門間の「不均衡」に由来するという考えには反対であり、このテーマについてリカードに反論している。

共産主義と社会主義と社会民主主義

マルクスとエンゲルスは『ドイツ・イデオロギー』（一八四六年）の中で、私的所有の廃止と生産・交換の共同規制により、「現在の状態を止揚する現実的な運動」として、共産主義を定義する。『共産党宣言』（一八四八年）において示される共産主義革命**とは、伝統的な所有関係だけでなく伝統的な思想との、最も根底的な決別である。

『宣言』の一八九〇年ドイツ語版序文の中で、エンゲルスは彼らの小冊子のタイトルがなぜ『社会党宣言』ではいけなかったのかを説明する。一八四〇年代における社会主義は、「労働者運動の外側にある」潮流であったからである。それに対して共産主義はフランスでもドイツでも、「単なる政治的転覆の不充分さを確信して、社会の抜本的な改革を要求した労働者のこの部分」を意味するものであった。

のちの文書では、マルクスとエンゲルスは階級のない社会を指して、ある時は社会主義を、ある時は共産主義を用いている。『ゴーダ綱領批判』（一八七五年）の中で、マルクスは共産主義を「生産手段の共有に基づく協業的な社会」と定義する。彼は、各人が労働に応じて受け取る共産主義社会の下位の段階（しばしば「社会主義」と呼ばれる段階）と、「各人からはその能力に応じて、各人にはその欲求（必要）に応じて」と旗印に描かれる上位の段階を区別する。一九一九年に共産主義インターナショナル（「国際主義」の項参照）が創設されると、それ以降「短い二十世紀」を通して、「共産主義」という語はロシア革命とソヴィエト連邦の支持者を指すものになる。支配的な（つまりスターリンに準拠する）共産主義セクトに対抗して、評議会主義、絶対自由主義的共産主義、トロツキズム*のような反主流派の共産主義の潮流も出現した。

のちに「社会主義」という語は、マルクス主義を掲げた革命的変革に由来する社会を指して広く使われることになる。これらの社会は、ある時は社会主義、ある時は共産主義として提示され、またそのように自称した。たとえば、「一国社会主義」といった言い回しが成立した。共産主義のほうが好ましいとする者もいたにせよ、草創期から環境社会主義*に至るまで、多数の革命的活動家が社会主義運動に身を投じてきた。

同様の両義性は「社会民主主義」という語にも見出される。第三インターナショナル以前には、革命的マルクス主義者もそのように自称していた。第三インターナショナルは、革命路線と改良主義路線の二つへの労働運動の分裂を是認した。「社会民主主義」は、革命家にとっては蔑称となっていった。こんにちでは、「社会民主主義」と「社会主義」は、社会的な保護を推進する綱領を掲げたり、市場に対する国家の役割の拡大を主張したりする党を指す用語となっている。

競争と価格

マルクスはイギリスの古典派経済学者*から競争の分析を取り入れて、それをいくらか改善する。基本的な枠組みでは、別個の商品*を生産する異なる部門がまとめて扱われる。部門内の諸企業はすべて同様であると仮定してよい。また、より高度の生産は商品の生産費用の増大なしには得られない（収益は低減する）、といった考慮も捨象（抽象化*）する。そのような情況は、地代*の分析では考慮に入れられるが、『資本論』三巻冒頭の競争の分析では捨象されている。

マルクスはこの枠組みのもとに、新たな交換法則を定義する。それは、価値に比例した価格での商品交換の法則（「商品」の項参照）、すなわち生産の資本主義的な性質を捨象した交換法則とは異なるものである。諸部門の資本構成*は不均等であるから、剰余価値率*（同等の労働に対して同等の賃金）が均等であれば、利潤率は不均等になるはずである（「価値の生産価格への転形」の項で示した数値例を参照）。異なる部門のあいだに均等な利潤率を保証しているのは、この資本主義経済における標準価格の存在である。

この競争分析の核心をなすのが、さまざまな部門で事業を行なう企業の利潤率*である。一般的に言って、資本家による投資（資本の投入）は、さまざまな商品の生産で実現される利潤率によって誘導される。ある商品の生産が別の商品の生産を上回る利潤率をもたらすならば、より多くの資本が第一の商品の生産に投資される（蓄積される）ことになり、逆もまた同じことが言える。マルクスは、このようにより高い利潤率に資本が引き寄せられることから、さまざまな部門のあいだの利潤率が均等化する傾向が生ずる、と主張する。

そのようなメカニズムがはたらくのは、需要と供給の情況に従って、市場で優位にある価格（市場価格）が調整されるからである。それらの価格は、ある特殊な価格体系へ、すなわち生産価格へと収斂することになる。高い利潤率に引き寄せられて、ある部門へと資本が流入すると、この財の供給が増大し、その価格が圧迫される傾向が生じる。資本収益が標準を下回る部門については逆の関係になり、供給不足が起きて価格が上昇する。そのような価格の運動が、今度は利潤率の運動を引き起こす。

このメカニズムのもとでは、（生産と価格を変更する）企業と（部門毎の投資額を変える）資本家によって不断の調整が行なわれつつも、さまざまな出来事（衝撃）によって再び不均等が作り出される。価格は生産価格に一致することはないまでも、それを重心として動く傾向をもつ。生産価格それ自体も移動することがあるが、その動きはより緩慢であると考えてよい（技術の変化、需要の変化などの影響）。

実際には、これらの部門はさまざまな、したがって効率の異なる生産方式を使用する別個の諸企業から成っている。利潤率の均等化の傾向は、個々の企業にではなく、部門毎の企業の平均にだけ関係する。なぜならば、同じ商品のどんな単一価格も、事業能力の異なる諸企業に平等な報酬を保証することはないからである。

部門間の均等な利潤率の形成は、資本が「流動的」であることによって促進される（労働者が企業間を移動する可能性があるのと同様である）。資本の動きには信用*制度の発達も寄与している。企業の規模が歴史的に拡大し、資本主義的投資家の機能を果たす金融機構（「銀行資本」の項参照）の規模もまた拡大し、そうした大企業自身が生産を差別化するからである。独占*や独占的な競争は、マルクス以降のマルクス主義の理論では重視されるようになったが、マルクス自身は自然独占しか扱わなかった（「資本の集積と集中」の項参照）。

銀行資本、金融資本

マルクスは金融資本の理論において、貨幣取引資本（「産業資本」の項参照）の分析と貸付資本（「利子」の項参照）の分析を統合する。銀行家は、資本家と全預金者にかわって、貨幣資産管理と貨幣取引の業務を一元的に遂行する。銀行制度にはもう一つ、利用可能な資金を集積して、貸付資本として利用する機能がある。その資金は、企業が資本の循環中で「解放された」貨幣、つまり一時的に貨幣形態（「資本の流通」の項参照）を取り戻した貨幣を銀行に預託したもの、同じく一時的に銀行に預託された家計全体の貯蓄、さらに銀行を投資の仲介者とする貨幣資本家の資金からなる。

こうして貸付は、他のアクターが自身で行なうかわりに、銀行が行なうようになる。マルクスによれば、銀行が貸付資本の「管理者」になるということだ。銀行により資金提供を受ける株式会社からなる資本主義経済、という像が浮かび上がる。

『資本論』第三巻の仏訳には、「金融資本家」という語を用いたものがある。経営に参加することなく企業への貸付や株式の購入を行なう利子生み資本の所有者、つまり「貨幣資本家」のことを指しているのだが、用語をめぐる混乱に拍車をかける用法である。

「金融資本」の語がマルクス主義に広がるのは、一九一〇年にルドルフ・ヒルファディングの『金融資本論』が刊行されて以降のことになる。金融部門も非金融部門も手がける大規模な資本所有者（大実業家）の合併を特徴とする資本主義の制度的構造が、十九世紀から二十世紀の変わり目に確立された。これをヒルファディングは金融資本と呼ぶ。銀行部門を貸付資本の管理者と見るマルクスの分析を踏襲しつつ、ある意味で「近代化」したものと言える。

傾向

『資本論』には、資本主義的生産の一連の大きな「傾向」に関する精緻な分析が含まれている。そこで考慮される変数は、技術と分配の変化を記述するものである。労働生産性、資本構成*、剰余価値*率と利潤*率である。それに実質賃金*ないしは賃金購買力を加えなければならないが、マルクスはこの不可避的な変数を暗黙のうちに扱いがちである。諸々の傾向の中で主要なものは利潤率の低下である。

　それらの傾向は数年あるいは数十年間単位で考察されているが、持続期間は明確にされていない。マルクスは明らかに数十年単位の産業循環の継起を念頭に置いている（「恐慌」の項参照）。「長期」あるいは「歴史的期間」と呼びうるものである。

傾向には実際には二つの意味がある。第一は、そのような長期の動きである（短期の変動は捨象される）。第二は、変数が一定の方向に推し進められつつも、その実際の動きが「反対傾向」によって決定されている事実を指す。「反対傾向」というのは、反対方向の影響、すなわち傾向を部分的に減少させ、さらには無化するものをいう。

利潤率低下の傾向についてのマルクスの分析は、次のように総括的に要約することができる。技術の変化に関しては、容易に観察できる二つの大きな歴史的傾向がある。労働生産性の増大と、資本の技術的構成の高度化である。労働生産性の増大が、機械化つまり資本の技術的構成の高度化の主要な側面によって起こる以上、両者は連動して変化する。分配の変化に関しては、賃金購買力が一定であると仮定すれば、(労働者の消費財の生産に影響するような)労働生産性の増大により、剰余価値*(相対的剰余価値)率は上昇する。剰余価値率のほうを一定であると仮定すれば、生産性増大分の利益のある種の「分配」が、資本家と労働者のあいだでなされるはずである。とはいえ、先験的にはこれ以外にもさまざまな場合が考えられる。

利潤率の定式から出発し、その分子と分母を可変資本 v によって除すことで下記の定式が得られる。

$$r = \frac{m/v}{c/v+1}.$$

剰余価値率 m/v が上昇すれば、利潤率は上昇する。資本構成 c/v が高度化すれば、利潤率は低下する。したがって、利潤率の変動は、この二つの変数の大小関係の動向に依存する。資本構成の動向が剰余価値率の動向を部分的に条件付けているからである(資本構成を高度化させずに剰余価値率を上昇させることは困難である)。

このメカニズムと資本主義的蓄積*の法則との関係を見ていこう。資本構成の高度化は産業予備軍の再建を促し、したがって賃金を圧迫する。したがって生産性増大分の利益は、剰余価値率のほうを上昇させるようになる。資本構成の高度化は、その一方で利潤率を圧迫する。資本主義的蓄積の法則のメカニズムは、産業予備軍を再建する限りにおいて資本家の有利にはたらくが、資本収益を高める王道ということにはならない。それが、遡及的に（二巻に対して三巻で）論証されている。実際には、結果は一連の情況次第である。資本主義的生産様式には、利潤率の低下が如実となり、蓄積や恐慌*に関わる影響が深刻な局面に入っていく傾向がある、とマルクスは結論する。これは、歴史的に大きな妥当性のある分析である。

マルクスは、利潤率低下の法則に対する反対傾向に大きく紙幅を割く。なかでも最大のもの、すなわち剰余価値率の上昇傾向は、基本メカニズムの一部をなす。しかしマルクスは株式会社の一般化のような他の過程も導入している。その場合には、利潤率低下の法則が厳密な意味で「妨げられ」ているとは言えず、利潤率低下に企業が適応した制度的枠組みが出現したということになる。

形態

経済学に関するマルクスの著作では、「形態」という用語が多用されている。仏語訳では、この用語はさまざまなドイツ語に対応する。本項では、「価値形態」、「資本形態」のように最も流布している用法に限定する。この用法でとくに明確な表現が「現象形態」である。

マルクスは経済学の概念のうちに一種の序列を見てとった。いくつかの概念は他の概念に照らして、理論上の道具立てを作る過程で非常に高く位置付けられている。それらが他の概念の現象形態である。彼は俗流経済学（「古典派経済学」の項参照）が、事業活動の実践に直結した現象形態にとどまっていることを非難する。マルクスは、自身も多用するそれらの概念の使用に反対するわけではなく、理論的に充分に練られていないことが問題であるとする。

概念のこのような序列を直観だけで、実践を抜きにして捉えることは難しい。一例を挙げよう。価格は価値の一形態である（「商品」の項参照）。マルクスがそこに導入しているのは、商品の価値の概念である。商品の価値とは、生産に必要な労働時間である。価格は商品の価値を「表明し」、「反映し」、商品の価値の「表現となっている」。その意味は、生産者が行なった標準的な質の有用労働の支出を、市場で承認するのが価格だということである。マルクスは、価値の概念に基づかない価格の概念など「無内容な」概念でしかないと断じている。

価格は価値の一形態である。また、利潤*は剰余価値*の一形態である。資本*の場合には、商品、貨幣*、工場等で生産に必要な諸要素（原料、労働力、機械など）の形態がある（資本は……の形態のもとに現われる）。

ゲバラ主義

エルネスト・ゲバラ（一九二八～六七年）とその思想に由来する。通称「チェ」・ゲバラは、アルゼンチン人の医師で、キューバ・ゲリラの司令官となる。一九五九年、フィデル・カストロの指揮するゲリラがフルヘンシオ・バティスタ独裁政権を転覆すると、ゲバラは革命政府の産業大臣に就き、より急進的な共産主義*の見地からソ連の経済モデルを批判する。六五年に辞任して、新たなゲリラ運動を起こそうとボリビアに移った。彼がラテンアメリカにおける闘争をどのように捉えていたかは、絶筆となった六六年の「三大陸人民連帯機構へのメッセージ」に示されている。「社会主義革命か、さもなくば革命*の真似事か。それ以外の選択はない」。ゲバラはボリビア軍事独裁政権によって捕らえられ、六七年十月八日に処刑された。

ラテンアメリカその他の革命左派*勢力はゲバラの思想、とりわけ革命の社会主義的性格や、闘争法としてのゲリラ戦に関する思想を採り入れていく。一九七四年にはゲバラ主義を掲げる革命派合同評議会が、チリのMIR（左派革命運動）、アルゼンチンのERP（人民革命軍）、ボリビアのELN（国民解放軍）、ウルグアイのトゥパマロス運動によって結成される。これらの運動組織のほとんどは、南米諸国の軍事独裁政権によって七〇年代につぶされた。

しかしラテンアメリカでは近年、チアパスのサパティスタ運動やブラジルの土地なし農民運動（MST）のように、革命的急進性という広い意味でのゲバラ主義の影響が広がりを見せている。

原始共産制

マルクスとエンゲルスは、私有財産、社会階級*、家父長制、国家*が出現する前の先史時代段階に存在していた生産様式を原始共産制と呼ぶ。北アメリカのイロクォイ族についての人類学者ルイス・モルガンの研究に触発されて、エンゲルスは『家族・私有財産・国家の起源』（一八八四年）の中で、そうした社会編成の体系的な分析を展開しようとする。エンゲルスによれば、それは生産力（「弁証法」の項および「生産様式」の項参照）の水準がきわめて限定されていた共同体である。そのため余剰生産物がなく、したがって搾取や社会階級*の別もない。マルクスとエンゲルスは、この自由で平等主義的な共同体の社会構造とその人間的な美点に対する賞賛を隠さない。彼らはこの共同体を高度の文明水準において、現代の共産主義という形で再現したいと考える。

このテーマはローザ・ルクセンブルクの著作、とくに没後の一九二七年に刊行された『経済学入門』の中に現われる。この著作の半分以上を原始共産制に関する論述が占めている。そこで示された実例の一つ、ゲルマン人の「マルク共同体」は、単純で調和のとれた社会組織であり、「皆が皆のために共同して働き、万事について共同して決定を行なう」という。しかしローザ・ルクセンブルクは、農地の原始共産制は普遍的なものであると主張しており、アメリカインディアン、インカ人、カビール人、アフリカの部族、インドの村落にもみられると述べる。

ペルーの共産主義者ホセ・カルロス・マリアテギは一九二七年から一九二九年にかけて、ローザ・ルクセンブルクの著作を知らずに類似した思想を展開した。彼は集産主義的な先住民の伝統――インカ共産主義――が、農民集団に近代社会主義を支持してもらうための出発点になると考えた。これらの思想の影響はほこんにちでもチアパスのサパティスモ、あるいはラテンアメリカ左派内のインディヘニスモ支持者などの運動の中にみられる。

国際主義

一八四八年の『共産党宣言』は、「プロレタリアのさまざまな国民的闘争において（……）プロレタリアート全体に共通する利益を貫徹する」者として共産主義者*を規定し、あの有名なスローガン「万国のプロレタリアよ、団結せよ！」で結ばれる。そのような団結を実践に移そうとする最初の試みが、マルクスの積極的な関与の下、六四年に結成された第一インターナショナルである。主要指導者の中に外国人もいたパリ・コミューンが七一年に起きると、マルクスはその国際主義的な精神を称揚した。第一インターはマルクス主義と無政府主義の勢力争いで解散に至り、八九年にはエンゲルスの関与により、マルクス主義を掲げる第二インターナショナルが結成された。第二インターは一九一四年から一八年の戦争の際、主要な社会民主主義政党（「共産主義」の項参照）がそれぞれ自国政府を支持したことで空中分解する。十月革命（グレゴリオ暦では十一月革命）を受けて一九年に結成された第三インターナショナル（共産主義インターナショナル、コミンテルン）では、ロシアのボルシェヴィキ政党が当初から支配的な立場にあった。レーニンが二四年に死去すると、第三インターは「一国社会主義」の採択を経て、スターリン率いるソ連指導部への従属を強めていった。とはいえ、三六年から三八年にスペインに向かった国際旅団のように、すぐれて国際主義的な動きも起きている。トロツキーをはじめ、スターリンに反対する共産主義者たちは、三八年に第四インターナショナルを結成した。三大陸（アフリカ、アジア、ラテンアメリカ）連帯などを軸として、国際主義は一九六〇年代に再燃した。近年に興った国際主義の大きな動きはアルテルモンディアリスム運動である。九六年にサパティスタが開催した「銀河間」会合から生まれ、九九年にシアトルで世界貿易機関（WTO）反対デモを行なうなどの活動をしており、マルクス主義者もその一員となっている。

個人

マルクスでは、個人の概念は人類学、社会理論および共産主義の性格規定に関連して用いられている。マルクスの人間学における個人は二面的ある。マルクスは一方では、ヘーゲル、ルートヴィヒ・フォイエルバッハ、大半の青年ヘーゲル派に対して、「人間」なるものは個人の集合以外の何者でもないと断じ、人間性にはいかなる実体もないと主張する。他方では、マックス・シュティルナーやさまざまな形態の個人主義に対して、「個人は社会的存在である」と断じ、個人を原子に比することに異議を唱える。

個人が二面的に位置付けられているのはマルクスの社会理論でも同様である。「社会内で生産する個人（……）これが当然、出発点である」（『経済学批判要綱』序説、一八五七〜五八年）。マルクスは、社会を諸個人の独立した行動の集約に還元するロビンソン物語*に対して、個人がつねに特定の社会的関係のもとに「包摂されている」事実を強調する。しかし、彼は同時に、社会的関係はその担い手である個人と無関係に存在しうるという考えにも異議を唱える。

個人の概念は、資本主義から共産主義*への過渡期の課題に関しても用いられている。マルクスは『ドイツ・イデオロギー』（一八四六年）で、これまでの歴史上さまざまに論じられてきた個体性が未完成あるいは偶発的な個体性でしかないのに対して、共産主義は個人を「個人として」つまり「人格的な個人」として確立するものであると主張する。『資本論』においても同様である。資本主義生産の条件が「生産者を不具化し（……）機械の付属品にまで低下させる」のに対して、共産主義は「十全に発展した個人をもって、単なる付随的な社会的機能の支えである部分的な個人」に替えるべきものであるという。

マルクスはこのように、個体性の概念に批判性とユートピア性という二重の意味をこめた。それを最も着実に引き継いだのはテオドール・W・アドルノであろう。現代社会による個体性のさまざまな破壊の形態を分析するアドルノの試みは、前者の意義をもっている。また彼はユートピア*的な社会展望を示唆してもいる。その社会では、各人の還元不可能な特異性が尊重されると同時に、各人と感情的、社会的、自然的環境との多面的な紐帯が育まれることになる。

国家

一八四八年の『共産党宣言』では、国家とは「ある階級が他の階級を抑圧するための組織的権力〔ゲヴァルト〕」と簡単に定義されている。それに対して一八五二年の『ルイ・ボナパルトのブリュメール十八日』では、より微妙な分析が展開される。国家装置、あの「巨大な官僚・軍事組織」、あの「恐ろしい寄生体」は、結局は支配階級に奉仕するわけではあるが――ボナパルティズム*のように――社会から遊離して自律化することもあるという分析だ。同様に、エンゲルスの一八八四年の『家族・私有財産・国家の起源』にも、国家とは「外見上は社会の上に立つ権力〔マハト〕」でありながら、既成の社会的・経済的「秩序」の維持に奉仕するものだという定義がある。

パリ・コミューンという実例に遭遇したマルクスは、次の結論に至る。ブルジョワ国家装置には階層制の軍事・官僚構造が付き物であり、労働者がこれを引き継ぐことはできない。労働者はこれを粉砕して、狭義の国家とは違った形の労働者権力に置き換えなければならない（『フランスの内乱』、一八七一年）。

レーニンの一九一七年の『国家と革命』も、同様に社会民主主義に否定的な立場から、国家には暴力性があり、それを破壊する革命にも暴力性があることを強調した。アントニオ・グラムシは、レーニンと対立しないまでも、三〇年代の『獄中ノート』で異説を唱えている。国家とは「強制力の鎧をつけたヘゲモニー*」であり、革命階級は――とりわけ西欧諸国では――権力を奪取する前に、市民社会におけるヘゲモニーを獲得する必要がある、とグラムシは主張した。

古典派経済学

マルクスは経済学の研究を進めるに当たり、先行する経済学者を大いに参考にした。最も重視したのがイギリスの二大「古典派」経済学者、一七七六年に『国富論』を著わしたアダム・スミスと、一八一七年に『経済学および課税の原理』を著わしたデヴィッド・リカードである。この経済学の理論家たちは、批判*の対象であると同時に借用の対象でもあった。マルクスはこの思想家たちに明らかに敬意を払っていた。「俗流」経済学者、つまり非科学的な経済学者に対する態度とは対照的である（その代表格とされたのがジャン＝バティスト・セーと、彼の著書で十九世紀初めにさまざまな訳書が出た『経済学概論』である）。

マルクスの見るところ古典派の著作では、価値の源泉を労働に求める価値理論（「商品」の項参照）が展開されている。したがって、剰余価値*の領得として、搾取の理論を形づくるための要素も見出される。古典派経済学者は搾取を搾取としてはっきりと捉えることができなかったが、彼らの分析のうちにマルクスは、搾取を論じるための土台を見て取った。そして競争と生産価格形成（「競争」の項および「価値の生産価格への転形」の項参照）を論じた際に、古典派の分析をやや複雑化しながら踏襲した。それに比べて俗流経済学者のほうは、資本家が自分の実践から引き出した表象に理論的な装いを施しているだけで、俗流の著作はそうした実践を、そして資本主義全般を正当化しようとするものだとマルクスは見ていた。

マルクスは当時の「経済学の批判者」を自認したが、その彼自身が綿密な理論体系を構築した経済学書を残すことになる。商品、価値、資本*、利潤*といった経済学の重要概念を論じ、価値法則、資本主義的蓄積*の法則、利潤率低下の傾向*の法則といった資本主義的生産様式の重要法則を分析した著作である。

最終審級

唯物史観の特色は、『経済学批判』（一八五九年）の序言から引くと、「物質的生活の生産様式が社会的、政治的、精神的生活の過程を全般的に条件付ける」と説くことにある。ただしエンゲルスによれば、経済的基盤*は「唯一の決定要素」と考えられるべきではなく、「最終審級において」決定的な要因であるというに過ぎない（ジョゼフ・ブロックへの手紙、一八九〇年九月二十一日〜二十二日）。エンゲルスの別の手紙（ヴァルター・ボルギウスへの手紙、一八九四年一月二十五日）を読むと、「最終審級」の概念は以下の四つの連結である。（a）一つの社会編成に関して、多様な審級が相対的に独立して存在する（「生産様式」の項参照）。（b）どの審級も、他の審級に対する影響を生み出す可能性がある。（c）しかし、そのような相互作用の関連の中で、すべての審級が同じ重要性をもつわけではない。（d）「最終審級でつねに優位にあるのは経済的な必要性」である。

再生産

マルクスは「再生産」という用語をさまざまな意味で使っているが、本項では資本の蓄積*に関わる再生産の概念を取り上げる。剰余価値*の一部が投下資本の増大に割り当てられるメカニズムを記述するのが蓄積である。投下資本の増大が起こる場合をマルクスは資本の「拡大再生産」と呼ぶ。大勢を占めるようなものではないが、蓄積が無である場合を「単純再生産」と呼ぶ。この大幅に単純化した仮定のもとに蓄積を捨象した枠組みにおいて、多くの問題を扱うことが可能になる。

〔『資本論』〕二巻における資本の再生産の研究に当たって導入されるのが、「再生産表式」である。その枠組みはきわめて単純であり、二部門から成る経済という想定のもとに、単純再生産が記述される。部門Ⅰが生産するのは投入財、すなわち生産に必要な財である。部門Ⅱが生産するのは消費財、すなわち労働者と資本家によって購入される財である。商品*は価値に比例した価格で交換されるとの仮定が置かれるが、この仮定はとくには影響しない。すべての所得すなわち労働力の価値および剰余価値は支出に振り向けられる（退蔵も投資も信用も行なわれない）。不変資本はc、可変資本はv、剰余価値はmと記される。たとえば、部門Ⅰで使われた不変資本はIcと表記される。したがって、生産の価値は部門ⅠではIc＋Iv＋Im、部門ⅡではIIc＋IIv＋IImとなる。

マルクスの関心は、国民経済会計が記述する種類の関係式、とくに総生産の定義へと向かう。全生産物が売却されると仮定すると、いくつかの関係式が得られる。部門Ⅰでは投入財を生産し、それらをみずから購入しているとする。すると、大量の投入財の販路を見付けなければならなくなる。その価値は Iv + Im であり、唯一の顧客は部門IIである。そこから均衡条件を満たす有名な関係式が導かれる。

IIc = Iv + Im.

この等号は部門Iの販路だけでなく、部門IIの販路も保証することになる。右の関係式が成立するならば、部門IIの総生産は Iv + Im + IIv + IIm、すなわち総所得と等しくなり、前述の仮定から消費と等しくなるからである。マルクスがここで記述しているのは、(「国民生産」という場合のような)「生産物」の意味にほかならず、総所得(「付加価値」)と等しい生産の定義である。この分析に当たり、彼がアダム・スミスを攻撃するのは不当であるにせよ、以上の関係式を厳密に記した最初の人物はおそらくマルクスである。

さらに練り上げた表式は三部門から成る。労働者の消費財の生産と、資本家によって消費されるいわゆる「奢侈」財の生産を区別しているためである。最後にマルクスは拡大再生産の仮定を導入する。マルクスはそのきわめて野心的な分析を成し遂げることはできず、国民経済会計の枠組みの整備に向かい、とくに貨幣*の流れ、つまりさまざまなアクターが支出した貨幣の辿る行程を追跡しようとする。

左派

政治の分野での「左派」という用語は、フランス革命にさかのぼる。国王の拒否権に反対する者たちが、憲法制定議会で議場の左側に席を占めたことが由来である。二十世紀の用語法では、労働者運動の出身で、平等の諸価値を重んじ、資本主義を批判する社会主義・共産主義勢力を指すことが多い。内容が明確な概念というよりも、政治勢力の立ち位置を相対的に示す語として用いられる。たとえば第二次世界大戦後のイギリスの場合、労働党は左派政党とされた。その内部には「労働党左派」があり、外部つまり左では、共産主義やトロツキストの政治団体が少数派を形づくっていた。一九八九年以後、労働党と一部の社会民主主義者（「共産主義」の項参照）は「左派」を自称するのをやめ、「新中道」という表現を用いるようになる。左派と右派の区別は明確なものではないが、こんにちでも大部分の諸国で政治の場を規定している。

「左翼《ゴーシスム》」の語は、レーニンの一九二〇年の有名な小冊子『共産主義の左翼小児病』に登場する。この語によって批判されたのは、共産主義運動内部の少数派が、選挙や労働組合への参加を改良主義だとして拒否していたことだった。「左翼」の語は、六八年五月事件の最中（および以後）にフランス共産党も使っている。非難の対象はトロツキスト*、毛沢東主義者*、無政府主義者といった極左の院外勢力だった。

穏健左派は時に中道左派と呼ばれる。それに対して急進左派や極左は革命左派あるいは「左派の左派」、さらに最近では反資本主義左派を名乗っている。

産業資本・商業資本

マルクスは『資本論』第二巻において資本の流通*を考察したうえで、異なる形態*を通過する資本の循環を表示する。資本の典型例は、

G－W…P…W－G

である。Gは貨幣、Wは商品、Pは生産資本を表わす。

生産資本形態を含む上記の循環をたどるのは産業資本だけである。それは「資本の特殊個別的な範疇」、すなわち経済のある一部門、それを形づくる企業の集合をなす。この部門の企業には、財またはサービスを生産する場であるという共通点がある。生産的労働者（「労働」の項参照）の労働力を買い入れ、したがって、剰余価値*が創出される唯一の場となるのが、この部門の企業である。

そこに含まれない範疇の資本の一つ目が、商品取引資本である。この部門の企業では、狭義の生産は行なわれない。したがって、価値が生産されることはない（「商品」の項参照）。Pの形態は循環から消え、

G－W－G

となる。

この部門では転売を目的として商品を仕入れる。仕入れ時よりも高く転売されるから、商品の価格

は変わる。しかし価値は変わらない。この部門でも賃金*が、流通経費*の一つとして支払われるが、それは不生産的労働者に対する報酬をなす。商品取引資本は剰余価値を創出しないため、それが実現する利潤も、不生産的労働者への報酬も、産業資本に由来する経済全体の剰余価値の一片が、利潤率の均等化メカニズムに従って、この部門の資本額に比例した利潤として按分されたものにほかならない（「競争」の項参照）。

商業資本にはもう一つ、「貨幣取引資本」と呼ばれる種類がある。この部門の取引は、銀行口座の管理にせよ、国内における領収と支払、あるいは国際的な領収と支払（為替取引）にせよ、いずれも資本の貨幣形態Gの中で展開される。これらを専門的に手がけるのが銀行である。貨幣取引は銀行資本の機能の一つをなすが、銀行資本の項に記す通り、銀行には第二の機能も存在する。貨幣取引資本の得る利潤は、商品取引資本の場合と同じように、産業資本のみが獲得する剰余価値に由来する。

思考の具体物

マルクスは方法*について残した唯一の重要な草稿（『経済学批判要綱』序説、一八五七年）の中で、経済学者の仕事は二重の過程であると述べる。すなわち、一方では現実についての観察から概念の構築に進み、他方ではそれらの概念を現実についての研究の中で（まさにそのために結合して）使用する。最初の動きは理論生産の動きであり、二番目は具体的分析の動きである。

旧来の経済概論は生産と連動する記述的条件の検討を出発点としていた、とマルクスは主張する。たとえば、ある住民の生活、そのノウハウ、天然の富などである。マルクスによれば、このような手順をとる経済学者は、次には概念を作り上げることになる。たとえば、住民から階級*へと移り、富とは何か、商品*、貨幣*とは何か、価値、資本*とは何か、と順に問うていく。このアプローチは、「抽象化*」と呼ばれる（「……の外に引き出す」という語源的な意味で）。顧慮された概念だけでは説明の付かない現実のさまざまな側面の総体は、考慮に入れないからである。そのような理論生産作業を行なったうえで初めて、経済学者は適切な道具を備え、それらの説明的な価値を結合し、ようやく現実についての研究に立ち返ることができる。マルクスが思考内の具体物の再構築、「思考の具体物」と呼ぶ具体的分析の段階である。

マルクスは、自分の入手した最も進歩的な論文は、記述的データではなく根本的な概念を出発点としていると述べる。彼自身もまたそのような手順で進めていく。経済学の主著『資本論』を商品の研究から始め、次に貨幣、さらにこの著作の中心対象である資本へと移行する。マルクスはこのアプローチに充分に自覚的で、きわめて厳密に抽象化を行なう。叙述に導入されていないものは自分にとって存在しないと書いている箇所もある。とはいえ、その種の留保はごくわずかしか見当たらないため、マルクスの著作を読むことは容易ではなく、個別の展開に入る前に全体像をつかむことが求められる。

自己解放

一八六四年、第一インターの規約前文に、マルクスの政治闘争観を集約した一文がある。「労働者階級の解放は労働者階級自身によって闘いとられねばならない」。

プロレタリアの自己解放という理念は、すでにフロラ・トリスタンのいくつかの著作や、イギリスのチャーティスト運動左派にも現われている。しかし、この理念を強力に打ち出したのはマルクス＝エンゲルスの著作である。まず一八四六年の『ドイツ・イデオロギー』で、プラクシスの哲学*（「実践」の項参照）の政治的表現として提示される。マルクス＝エンゲルスによれば、転覆（シュテュルツェンデ）階級すなわちプロレタリアート*が、支配階級の権力を粉砕するだけにとどまらず、自己を変革し、意識の上にのしかかる旧弊を振り払い、階級*も支配もない社会の樹立に向けた「新たな人間」の集合体となり得る道は、ただ一つしかない。みずから革命的プラクシス（「実践」の項参照）を進め、行動の中で経験を積み、実践的に学習し、闘争の中で自分を教育することだ。革命は、被抑圧階級の自己解放の形態しか取り得ない。

こうした精神にのっとって、一八四八年の『共産党宣言』は、プロレタリア運動を「膨大な多数派の利益に適う膨大な多数派の自立的運動」として位置付ける。

被抑圧者の革命的な自己解放という徹底して民主的な主導理念は、二十世紀の労働者運動の二大主流派であった社会民主主義およびスターリン式の共産主義により、いつの間にか放棄されてしまった。

しかしそれはローザ・ルクセンブルクから、エルネスト・マンデルや「社会主義か野蛮か」グループを経て、チアパスのサパティスタに至るまで、異端的な非主流派のうちに脈々と受け継がれている。

自主管理

『資本論』第三巻における社会主義（「共産主義」の項参照）の定義は、「連合した生産者たちが自身と自然との物質代謝を合理的に調節する」社会である。つまり社会主義では、自主管理が本質的な一面をなす。連合した生産者、労働者、個人が、経済的・社会的・政治的な活動をみずから管理するということだ。自主管理の概念は他方では、資本主義社会の枠内での闘争についても用いられ、その場合はストライキや社会闘争を自主管理すること、労働者が工場を掌握すること、企業の稼働を担っている労働者がその企業を領有すること、などを指す。

自主管理を目指す運動の源流は、マルクスだけにあるわけではない。絶対自由主義思想（ピエール＝ジョゼフ・プルードン）や革命的サンディカリスムの流れもある。ユーゴスラヴィアには、一九四八年から数十年間にわたり、労働者が企業の経営を掌握した自主管理の体験がある。その限界は、政治権力の非民主性、経済取引の市場化にあったと見るのが通説である。

フランスでは、労働組合連合ＣＦＤＴ〔フランス民主労働総同盟〕や統一社会党の中で、一九六〇年代に自主管理派が一大勢力となるが、七〇年代に社会党内の「第二の左派」に吸収された。一九六六年に創刊された雑誌『自主管理』は、イヴォン・ブルデ、ダニエル・ゲラン、アンリ・デロシュ、アンリ・ルフェーヴルなどを執筆陣とし、自主管理の概念やさまざまな体験についての体系的な検討の場となった。アルジェリアには、一九六一年から六五年まで、ギリシアのマルクス主義指導者パブロことミシェル〔ミカリス〕・ラプティスらの推進の下に、労働者が企業を掌握した実例がある。同様の例は、一九七一年から七三年の人民連合とサルバドール・アジェンデの時代のチリ、一九七〇年代のフランスにおけるリップ〔時計製造〕の工場や、近年では二〇〇〇年代初めのアルゼンチンでも見られた。

自然

「自然主義」の観点に立つ『経済学・哲学草稿』(一八四四年)にせよ、唯物史観を展開する成熟期の著作にせよ(「唯物論」の項および「歴史」の項参照)、マルクスは一貫して、人間存在と歴史における自然という次元を重視している。彼の見るところ、自然は人間よってきたるところであり、社会は(「人間と自然の物質代謝」とみなされる労働を介して)自然と相互に作用するものであり、歴史は自然の絶え間ない変化の過程である。

『資本論』やマルクスの書簡を読むと、彼の自然像が当時の自然科学に大きく依存していることが分かる。彼は化学からは諸力とその活発な反対物に貫かれた自然という観念を取り入れ、生物学からは組織の観念と種の進化の理論を取り入れ、農学には資本主義による自然破壊を科学知識が相殺することを期待していた。

マルクス主義ではこれらはおもに二つの方向に引き継がれていった。一方では、エンゲルスが『自然の弁証法』（一八八三年）で自然科学の弁証法*的総論を提示して、唯物論的な認識理論（「反映」の項参照）と弁証法的理論を基礎付けた。他方では、より後年になって、「自然の復活」としての共産主義の定義（『経済学・哲学草稿』）その他の主題に対し、さまざまな著者が関心を向けた（ヴァルター・ベンヤミン、テオドール・W・アドルノ、エルンスト・ブロッホ）。それらの主題が、こんにち「環境社会主義*」と呼ばれているものを作り上げることになる。

自然主義

『経済学・哲学草稿』（一八四四年）で、自分の哲学の視点は「人間主義*」と「自然主義」であるとマルクスは言う。その自然主義は唯物論*と観念論の総合、あるいは唯物論と唯心論の総合をなすと述べつつも、その一方で「真の唯物論」であるとも規定している。

マルクスの自然主義においては、人間精神の生産の秩序に先立って存在するものに重点が置かれる。第一は、人間が形を変えたその産物でしかない自然*である。第二は人間的自然（本性）、すなわち類的諸力の総体である。それは、個人が歴史の中で展開しようと試みながらも、依然として自然の活動の延長にとどまるものである（「類的存在」の項参照）。その意味で、人間主義は「充分に発展した自然主義」であると言ってもよいであろう。
『経済学・哲学草稿』では共産主義*が、自己の自然（本性）からの人間疎外*の止揚と再領有（「領有」の項参照）として定義されている。その点からすれば共産主義は「人間の本質と自然との統一体の完成、自然の真の復活、人間によって貫徹された自然主義と自然によって貫徹された人間主義」であるということもできる。

地代

マルクスの競争*理論は、『資本論』第三巻の初めでは生産価格、つまり部門間の利潤*率を均等化する価格を重心とする市場価格の動きについて述べる。土地のように、これを領得して所有する者のいる可能性のある自然資源の存在は、ここでは捨象されている。それを補塡するのが、第三巻の終わりで展開される地代論である。

この機序を理解するための最も簡略な枠組みは「差額地代の第一形態」である。肥沃度の異なる二つの土地があるとしよう。面積は同じとする。資本家的農業者が投下する資本*も同量で、これを（貨幣単位で）一〇〇とする。土地Aで（物量の単位で）一〇〇の小麦が収穫され、単価が一・二であれば、売上は一二〇である。土地Bは肥沃度が高く、収穫された小麦の売上は一四〇である。Aでは農業者の利潤率が二〇パーセント、Bでは四〇パーセントになる。この経済における（部門間で均等な）一般的利潤率が二〇パーセントであれば、Aの農業者に不満はない。Bの農業者は、地主ならば有頂天になれるところだが、通例そうであるように地主ではないことにする。つまり地主は賃料すなわち地代を請求でき、Bの農業者に二〇を請求するかもしれない。これ以下の金額であれば、Bの農業者が資本の投下先を（農業の中で、あるいは可能であれば他の部門で）よそに移すことは考えにくいからだ。差額地代はこのように、肥沃度の違いによる収益の差から生じる。肥沃度の違いによる潜在的な収益の不均等は、地主が自分の取り分にして「補正」するということだ。

差額地代の第二形態は、同等と想定される土地への資本投下の大小に関わるものである。たとえば、Aの農業者は右の例と同様、まず一〇〇の資本を投下して、一〇〇の収穫を得る。価格が一・二であれば、利潤は二〇となる。ところが小麦の需要が増え、それにつれて小麦価格が上がり、現在の土地と肥沃度では需要を満たせなくなってきた。そこでAの農業者は、施肥などの形で自分の土地への資本投下を倍増させて二〇〇にするが、追加分の一〇〇による増産量は六〇にとどまる。この経済の他部門の均等利潤率が同じく二〇パーセントであれば、価格が二まで上がらない限り、Aの農業者にとって一〇〇の追加資本を投下する意味はない。価格が二の場合、資本投下を一〇〇にとどめれば売上が二〇〇で利潤は一〇〇だが、資本投下を二〇〇に引き上げれば、売上が六割増しの三二〇（一六〇かける二）、利潤は一二〇に増える。つまり、一〇〇の追加資本による追加利潤は二〇（一二〇マイナス一〇〇）で、標準とされる利潤率に等しくなる。しかし、地主がまたもや利潤率の「水平派《レヴエラーズ》」を演じる可能性がある。八〇の地代を請求しても、資本家には四〇の利潤が残る。二〇〇の資本投下に対する金額としては不満はないはずだ。小麦価格の上昇は、地主を潤す結果となったのである。

第一形態と第二形態の組み合わせが差額地代であり。総合的には以下のことが言える。ある経済において、再生が不可能で、領得して所有する者のいる可能性があり、用益することで高い利潤率を得られる資源が存在するために、資本家間の利潤率の均等化が妨げられているとする。そのような資源がもたらす超過分は資源の所有者に移転され、利潤率の均等化が実現されることになる。

マルクスは絶対地代も取り上げている。地主が土地を貸し出すのは、地代を請求できる場合に限る、ということだ。

実践／プラクシス

マルクスの言う実践（プラクシス）は『フォイエルバッハに関するテーゼ』（一八四五年）において、「対象的活動として」、「現実的で感性的な活動」として定義されている。マルクスによれば、実践は一方では認識理論にとって、他方では社会理論にとって重要である。一方では、思想の現実性の問題は実践の中に答えが見出される。他方では、「いかなる社会的生活も本質的に実践的である」。

『ドイツ・イデオロギー』（一八四六年）と同様に『フォイエルバッハに関するテーゼ』においても、実践は「自己変革」と関連付けられる。人間は社会的行動において、外部世界を変革すると同時に自己を変革する。たしかに実践は、あくまで資本主義支配の社会構造に条件付けられている。しかしそこには、革命的実践を通して社会構造を変える力もある。

『フォイエルバッハに関するテーゼ』は、哲学*が「実践を概念的に把握する」必要性を強調し、マルクス主義哲学、またそれを超えて現代哲学に多大な影響を与えた。しかし、「実践」の語が成熟期の著作からは見たところ消え、「階級闘争」や「生産」に替わったことを受けて、さまざまな立場が示されることになる。アントニオ・グラムシのように、社会的実践の中で資本主義的生産や階級闘争の単純な帰結には還元できないものすべてを、プラクシスの概念によって強調した著者もいる。あるいは、「プラクシスの哲学」では、行為の自然的社会的条件付けを軽視したり、社会構造の重要性（「基盤」の項参照）を過小評価することになると非難した著者もいる。

資本

マルクスの経済の主著は『資本論』と題されている。彼が一八六七年に出版したのは一巻だけであり、二巻と三巻は没後にエンゲルスによって出版された。

資本主義的生産様式*の分析が主題である以上、『資本論』の中心的概念がまさに資本であることに意外性は何もない。この著作は資本の分析を巡って構成されている。自己増殖運動において捉えられた価値[1]というのが一巻の第二編でマルクスが行なった定義である。したがって、資本の研究の前提として、まず価値の研究がなされることになる。価値は商品*理論の基本概念でもある。

（1）仏語版にも見当たらない、著者による要約的な表現。日本では一般的に「自己増殖する価値の運動体」と呼ばれる概念に相当するものと考えられる〔訳注〕。

価値の概念の正確な中身をひとまず措けば、マルクスは資本を価値の総計と定義していると理解してよい。経済分析における（会計実務上の）この語の通常の用法と同様である。となると、「資本は貨幣の総計である」と言ってしまいたくなるが、それは厳密ではない。資本が価値の総計であるとしても、貨幣や機械や一連の商品の総計であると一般的にいうことはできない。

マルクスはきわめて厳密に、実際の事業活動とも合致する形で、資本とは運動状態の価値、すなわちある形態*から他の形態に移行している最中の価値であると述べる。資本の原子はある瞬間には貨幣形態をとるかもしれないが、企業はこれを、たとえば原料を購入するために使用する。こうして価値は市場において、貨幣から商品へと姿を変える。価値は形態を転換するのである。企業内に入った価値は商品形態を失う。使用価値はもはや売却の対象ではないからである。価値は工場に入り、生産者の労働が働きかける対象となる。生産手段（建物と施設、機械、原料、労働力）が見出されるのは工場においてである。価値の原子は他の原子（原料、エネルギー、機械の損耗、労働者の労働力の価値などに由来する他の同様の原子。「剰余価値」の項参照）と合体して生産物となる。この原子は市場に出されて再び商品形態をとる。資本は最終的に貨幣形態を取り戻すが、再び同様の循環、形態転換の循環に入る場合もある。これが資本の流通*、つまり資本理論の第一の局面である。

　しかし、資本は形態を転換する価値にとどまるものではなく、この運動とともに増殖する価値でもある。少なくともそれが資本家の目標である。これが資本理論の第二の局面、つまり資本の価値増殖である。価値はいかにして、一つの形態から別の形態に移行しながら、資本主義的生産に典型的にみられるような、偶発的ではない一般的な過程として増殖するのか。その点は剰余価値*理論の対象となる。

資本構成

　マルクスは「資本構成」と名付けたものを慎重に定義する。可変資本に対する不変資本（「剰余価値」の項参照）の比率のことだが、三通りの定義を与えている。第一は、資本の技術的構成である。不変資本を可変資本で除した比率をいう。分子には、原料・エネルギー・機械・建屋といった非均質的な物品について、統計指標などで物理的に決定されるような量を用いる。分母には、同様に非均質的な労働時間を用いる。第二は、資本の価値構成である。同様の比率をいうが、分子にも分母にも価値（「商品」の項参照）を用いる。最後は、資本の有機的構成である。価値構成にほかならないが、「それが技術的構成の変化を反映する限りにおいて」有機的構成と名付けられる。この概念は、術語として出てくるわけではないにせよ、技術的変化の分析に際しても用いられている。

　マルクスはなぜ、有機的構成なる精密な定義を行なったのだろうか。この定義のポイントは、資本の構成要素の価値の変化に由来する価値構成の変化が捨象されることにある。たとえば、ある機械の価値が、その生産に必要な労働の生産性が上昇するにしたがって減少する、というような変化である。マルクスはこの種の変化に関しては、とりたてて明示しない限り考慮しないことにすると述べている。

資本主義的生産様式の矛盾

マルクスによれば、資本主義的生産様式*は一連の矛盾*に貫かれている。矛盾は深刻さを増し、資本主義的生産様式の「歴史性」、すなわちそれが社会の一つの発展段階でしかないという事実を規定する。しかしながら、止揚は自動的に生じるわけではなく、被抑圧階級の闘争*の結果としてもたらされる。

マルクスにおいて資本主義的生産様式は、「停滞」ではなく、生産力の強力な発展と関連付けられる。しかし、ある発展段階では、資本主義的生産関係は生産力の前進につれ、必ずやに矛盾に陥ることになる。マルクスによればこの軋轢はおもに、利潤率低下の傾向*や金融メカニズムの発達（擬制資本*の膨張）の帰結として、危機の増加と深化という形で表われる。ただし、資本主義的生産様式の矛盾には、さらに隠微な面もある。資本主義はそれに替わる社会の基盤となる生産の社会化*もまた生み出すのである。資本主義は大規模な生産拠点や大都市において労働者の結集を促進する。そこから始まる闘争の波が、資本主義的生産様式に終止符を打つことになるであろう。

資本の集積と集中

マルクスによれば、資本主義的生産様式が進展するにつれ、企業が大規模化し、それらを所有する資本家が富裕化する傾向が現われる。その機序は二通りある。一つ目は「集積」で、事業能力の高い一部の企業と資本家において、資本の蓄積が累積効果によって加速されることで起こる。二つ目は「集中」で、大きな企業が小さな企業を吸収することで起こる。

資本の流通

マルクスは資本を、増殖運動において捉えられた（「資本」の項参照）価値（「商品」の項参照）として定義する。資本の増殖すなわち資本の価値増殖に至るメカニズムの研究は『資本論』一巻で扱われ、二巻の対象となるのが資本の運動の研究すなわち資本の流通である。資本となった価値の「運動」は、資本の形態*転換の運動である。そこで資本は三つの形態をとりうる。貨幣*、商品*、「生産資本」、すなわち工場で生産に必要な要素である。この三つの形態はG、W、Pで表記される。マルクスは、異なった形態のもとでの資本の移行を循環と呼ぶ。その繰り返しは「回転」と名付けられる。

この分析の枠組みは、最初は些かとっつきにくいが、実際には直観に適っている。資本は貨幣の総計、商品の総体、あるいは工場における機械その他の投入財の総体として定義できるものではない。資本の小片、資本の原子は、一つの形態から別の形態に移行しつつ、そうした変化を通して保存される。

たとえば、ある資本の原子を貨幣形態で捉えたとする。企業が原料を買う時には、それは市場で商品に姿を変える。工場に入れば労働をこうむる。多くの同様の原子と合体して商品となり、市場に出る。商品が売られると、資本の原子は貨幣形態を取り戻す。マルクスはこの循環(しばしば「周期」と呼ばれる)を次の記号で表わす。

G－W…P…W－G

循環の記述はG、W、Pのどの形態から始めてもよいが、マルクスはこの種の図式について、「資本－貨幣」、「商品資本」、「生産資本」の「循環」という言い方をしている。

上記の表記法は、資本が増殖する価値であるという事実を捨象している。剰余価値*理論においては、価値の増殖は生産と連動する。したがって、その位置は形態Pである。マルクスは価値の増殖をダッシュ記号で表示する。

G－W…P…W'－G'

資本の原子は三つの形態のいずれかしかとりえないので、ある瞬間における総資本はこの三つの形態に分割される。資本のある部分は貨幣形態をとり、別の部分は売られるのを待つ商品形態を、三つめは工場で生産資本形態をとる。この分割の割合はさまざまな原子の形態転換につれてつねに変わるが、形態転換が同期することはない。このような諸形態の「並存」は、(形態Gを複雑にする金融メカニズムを捨象すれば)企業の貸借対照表の資産の部に相当する。

上記の表式に従って循環の全体を辿る資本は一種類しかない（「産業資本」の項参照）。

資本への労働の従属

マルクスは一八六〇年代初めに書いた諸々の草稿で、資本への労働の「形式的」従属と「実質的」従属を区別して、そこに重要な意味をもたせている。前者は主人への奴隷の形式的な従属（服従）であり、権威と直接的暴力に基づくものである。後者は資本家への労働者の実質的な従属であり、これが前者の上に加わっていく。資本主義的生産様式においては、このような支配関係が、大規模マニュファクチュアと大工業（「協業」の項参照）に見られるように、「実質的」な生産条件に組み込まれている。

社会化

一八四八年の『共産党宣言』をはじめとするマルクスの著作は言う。資本主義的生産様式*は、恐慌*と〔階級〕闘争*とに揺さぶられ、矛盾*をきたしているがゆえに、歴史的に限定されたものである（その止揚が必要である）。ただし資本主義が、その後にきたるべき社会の準備段階として展開する場合もある。たとえば、生産単位の規模を拡大させ（「資本の集積」の項参照）、技術進歩を推進し、多数の住民に教育を普及させる。国内市場と国際市場の拡大を通じて調整過程をととのえる。生産はもはや、独立した小規模生産者の並列的な活動の結果ではなく、巨大なネットワークとして捉えられ、次第に集産的な性格を帯びるようになる。言い換えれば、マルクスの言う「社会的な」性格、すなわち「社会」性である。マルクスは同様の意味で「社会化」という言葉も繰り返し使っている。資本主義的生産様式は、生産の社会化の媒介として働く。

社会階級

社会階級の概念は、もちろんマルクスが作り出したわけではない。古典派経済学者や歴史学者、空想的社会主義者のうちにも見出せる。マルクスが社会階級の明確な定義を示したわけでもない。階級を扱った『資本論』第三巻の最終章は未完に終わっている。とはいえ、社会的な生産諸関係との関連で社会階級を論じる、というのはマルクス独特の手法と言ってよい。生産手段の所有者階級たる支配階級は、直接労働者階級が生産した余剰をあの手この手で領得する。この二つの主要階級を両極として、社会的に中間の境遇にある一連の階級がそのあいだに分布する。

一八四八年の『共産党宣言』では、主として抑圧者と被抑圧者――狭義の経済学上の定義ではない――という二つの社会階級が、近代においてはブルジョワジー*とプロレタリアート*の対立として示される。一八四八年～五〇年の『フランスにおける階級闘争』や五二年の『ルイ・ボナパルトのブリュメール十八日』をはじめ、一八四八年から五二年の政治的著作では、近代社会の二大階級だけにとどまらず、より豊かで具体的な分析が展開される。ブルジョワジーに関しては、経済的には金融ブルジョワジー、産業ブルジョワジーなどさまざまな分派、政治的にはブルボン正統王朝派、オルレアン派、ボナパルティスト、共和派といった立場が取り上げられた。さらに、農民層*はもちろんのこと、小ブルジョワジー、ルンペンプロレタリアート（「プロレタリアート」の項参照）、貴族層のように、それらに劣らず重要な諸階級も扱われた。

レーニンは、一九一九年の「偉大な創意」という有名な文章で、マルクス主義的な社会階級の明確な定義を試みた。「階級と呼ばれるのは、歴史的に規定された社会的生産の体制のなかで占めるその地位が、生産手段にたいするその関係（その大部分は法律によって確認され成文化されている）が、社会的労働組織のなかでの役割が、したがって、彼らが自由にしうる社会的富の分け前をうけとる方法と分け前の大きさが、他とちがう人びとの大きな集団である。階級とは、一定の社会経済制度のなかで占めるその地位がちがうことによって、そのうちの一方が他方の労働をわがものとすることができるような、人間の集団をいうのである[1]」。

（1）『レーニン全集第二九巻』、マルクス＝レーニン主義研究書訳、大月書店、一九五八年〔訳注〕。

自由

マルクス＝エンゲルスが一八四八年の『共産党宣言』で、プロレタリアート*について用いた語彙には、政治的なものが多い。プロレタリアートは自由がなく、鎖のほかに失うものがない被抑圧階級として示される。そして革命は数々の著作で、自己解放*として定義される。自己を解き放たなければならない。何からか。第一には、ブルジョワジーの経済的・政治的支配からだ。だがさらに言えば、疎外されたパワーと化している資本そのもの（「疎外」の項参照）、あの異様で、敵対的で、個人によっては制御できず、個人を専制支配に従属させる力からである。自己を解き放つという原理は、奴隷のような他の被抑圧集団にとっても有効だ。奴隷のトゥサン・ルヴェルチュールらが起こしたハイチ革命を研究した一九三八年の『ブラック・ジャコバン』は、黒人でマルクス主義者のシリル・ライオネル・ロバート・ジェームズによって著わされた。

共産主義／社会主義（「共産主義」の項参照）は『資本論』で「自由の国」として定義されている。「純然たる物質的生産の領域にとどまらない」人間の自由な活動が盛んになるということだ。この自由の王国の扉は、労働時間の短縮により、人間とその能力が「あらゆる方面へ」自由に発展できるようになることで開かれる。

自由よりも平等のほうが重要な価値であり、平等のためなら自由を犠牲にしてもよい、と見なすマルクス主義者は多い。とりわけ共産主義運動に見られる考え方である。マルクス主義者、ローザ・ルクセンブルクの意見は異なる。彼女は一九一八年に獄中で執筆したロシア革命に関する小冊子で、こう述べている。「政府の支持者のためだけ、ある党の党員のためだけの自由は――彼らの人数がどれほど多くても――なんら自由ではない。自由とはつねに、別の考え方をする者の自由にほかならない。」

「制限のない出版・集会の自由、自由な論争がなければ、あらゆる公的機関で生は衰亡し、外観だけの生と化してしまい、なおも活発な要素は官僚制のみということになる」。

宗教

マルクス主義の宗教観は「宗教は人民の阿片である」として要約されがちである。マルクスの論文『ヘーゲル法哲学批判序説』（一八四四年）に記された定式だが、この皮肉な表現はマルクス独特というわけではなく、それ以前にも彼の友人モーゼス・ヘスとアンリ〔ハインリヒ〕・ハイネなど、何人もの著者にみられるものである。

歴史的現実として宗教を捉えるという、まさにマルクス主義的な研究が始まるのはのちのこと――とりわけ『ドイツ・イデオロギー』（一八四六年）において――に過ぎない。社会的事実としての宗教を対象とした新しい分析方法であり、その主要な要素は宗教を――法、道徳、形而上学、政治思想などとともに――多様なイデオロギー*形態の一つとみなすことである。宗教は、あらゆるイデオロギーと同様に歴史的な産物であるが、しかし他方では、社会的な変革に影響を与える可能性ももつ。たとえば『資本論』や『経済学批判要綱』（一八五七～五八年）には、資本主義の起源におけるプロテスタンティズムの役割についての興味深い寸評がみられる（「歴史」の項参照）。

エンゲルスは、マルクスと同じく確信的な無神論者ではあったが、宗教運動の異義申し立て的な側面の研究に、階級闘争*の観点からを向けた。この分野での彼の最も重要な著作は『ドイツ農民戦争』（一八五〇年）で、十六世紀初頭のドイツでの農民蜂起と、それを指導した革命的神学者トマス・ミュンツァーに関するものである。エンゲルスは彼を共産主義*の先駆者とみなしている。

エンゲルスの仕事はカール・カウツキーとエルンスト・ブロッホに引き継がれた。カウツキーは（社会経済的）還元主義の方向に進んだのに対し、ブロッホは逆に宗教的信念の相対的自律性とユートピア的潜在力を強調した。ただしブロッホはカルヴァンを「宗教としての資本主義」の創始者あるいは「貪欲《マモン》の教会」として告発している。他方でアントニオ・グラムシは、プロテスタントの宗教改革に大きな感嘆の念を示し、宗教改革を将来の社会主義の道徳的、知的改革の範型として捉えている。

重層的決定

マルクスが、意識の営みは物質の営みによって決定されると強調していたのに対して、エンゲルスは、歴史の決定的な契機が「現実の営みの生産と再生産」となるのは「最終審級*」においてでしかないことを明確にした。経済による決定の様態に関するマルクス主義の議論は『資本論』の以下の記述にも依拠してきた。「（中世は）カトリック教によって生きえたわけではないし、（アテネも）政治によって生きえたわけではない。逆に当時の経済的な事情が、なぜ前者ではカトリック教が、後者では政治が主要な役割を果たしていたのかを説明する」。この決定的な契機と支配的な契機の違いは、「根本的」

なものと「優越的」なものを区別したアントニオ・グラムシ『獄中ノート』（一九二六～二七年）第一冊にもみられる。

ルイ・アルチュセールは支配因のある相互決定関係という捉え方を展開しようとし、「重層的決定」概念と「重層的に決定された矛盾」概念を提示した。「経済的弁証法は、けっして純粋状態で作用するものではない（……）。最初の瞬間も最後の瞬間も、『最終審級』という孤独な時の鐘はけっして鳴らない。」社会の経済的基盤の矛盾は「同じ一つの運動の中で決定的であると同時に決定されるものでもあり、その原理からして重層的に決定されている」（『マルクスのために』、一九六五年）。

商品と価値

マルクスの分析によれば、商品には一方では使用価値、他方では交換価値という二重の要素がある。この分析はイギリスの古典派経済学者*と同様である。経済学者が「商品」について述べる場合、その商品には二つの属性がある。一方では、その入手を欲するアクターにとって、欲望の対象となる（欲望が立派なものか卑しいものか、有益か有害かは問わない）。他方では、市場において、社会的な（つまり社会全体の）労働の細片として認定される可能性をもつ。マルクスは、そうした使用価値と交換価値という語を用いつつ、より厳密な用語として「有用物」と「価値」を提示した。

労働生産物が商品となる条件は、交換目的で市場に出すことを前提として作られることである。そのような状況は社会的実践の総体から生じる。生産物が総じて商品になるという状況が全面化するのは、資本主義的生産様式の場合だけである。

有用性を研究すること、欲望される理由となる属性を分析することは、経済学の対象ではない。逆に価値の研究は、経済学の中心的なテーマである。「労働価値説」と呼ばれるマルクスの価値理論によれば、価値として商品のうちに結晶化するのは社会的労働の一片であり、価値を創出する力は社会的労働に特有である。その労働が市場で認定される際には、鍛冶屋の労働なのか、石工の労働なのか、といった労働の具体的な性質は捨象される（「労働」の項参照）。

商品の価値は、その商品の生産に必要な労働によって定義される。マルクスはこれを「価値法則」と呼ぶ。この法則は、価値に比例した価格で商品交換がなされることを意味するものではない。そのような交換は、商品取引「交換法則」と呼ばれる別の法則によって規定される。労働生産物が商品とされつつも、生産諸関係がさほど資本主義化していない経済の場合は、この交換法則によって律される。資本主義経済の場合は別の交換法則が優越し、商品交換の際の価格は、マルクスが「生産価格」と呼ぶもの（「競争」の項参照）に比例することになる。価値と価格の比がどう変化しようと価格は価値形態であり、*（価値に比例した価格で商品交換がなされるわけではないにしても）労働価値説こそが資本主義における搾取（「剰余価値」の項参照）の分析の中心をなす。

提供されると同時に使用されるサービスに関しては（付随的にしか）扱われていないが、サービスは蓄積されることがないという一点を別にすれば、マルクスの分析は基本的に有効である。

商品の物神性

「商品*の物神性とその秘密」と題された『資本論』第一章の節で提示された「物神性」とは、価値の現象形態*に固着した幻想のことである。

価値は社会的に必要な労働量の表現であり、人間の社会的活動に由来する。それに対して、交換価値は価値の現象形態であり、価値を商品が「おのずから」所有する質のごとく見せようとする。交換関係は労働の社会的性格によって規定されるものである。しかし商品の生産者はその逆に、自分の労働が社会的性格を得るのはひとえに自分が交換関係に従っているためである、と考えるようになっている。物神性の概念によって記述されるのはこの二重の転倒である。交換において「物のあいだの関係の幻影的な形態をとっているのは、人間自身の特定の社会的関係なのである」。

物神崇拝の神と同じように、商品はおのずから非物質的な原理（商品が保持する物質的な有用性とは別個の交換価値）を保持するもののごとく現われており、商品関係だけでなく自然的人間的な世界全体を統御する。価値の現象形態に、そのような「神秘化」が刻み込まれていることをマルクスは分析する。そして、経済アクターの相互的行為を統御し、経済学の言説にも再現されている幻想を記述する。マルクスはさらに、資本主義的生産様式に固有で、共産主義*社会では消滅する不透明性が、こうした幻想によって規定されていることを示そうとする。

『資本論』のこの節でマルクスが提示した分析は、後世に多大な影響を与えることになる。ジェルジ・ルカーチは、物神性の分析を物象化*の哲学の形で発展させた。それは、生きた労働だけでなく社会的自然的な世界のすべての要素を物に変える社会的過程に関する理論である。ヴァルター・ベンヤミンの場合は、社会的想像力を捕らえているだけでなく、資本主義の止揚を目指すユートピア願望によって磨かれた一連の商品の幻像が、いかに資本主義によって生み出されているのかを考究し、その一環として物神性の分析を行なっている。

剰余価値

資本*の価値増殖論の中心概念である。量としては、一定期間の資本主義活動によって資本が増殖した金額であり、資本自体と同様に価値を尺度とする。この増殖の謎を解き明かすことが課題となる。商品*がその標準価格で、つまり『資本論』第一巻のように単純化して言えば、その価値に比例した価格で交換されるとの仮定の下に、マルクスは論述を進めていく。資本家間の関係において、あるいは資本家と最終消費者の関係において、そのような価格で商品が交換されるならば、増殖の余地はなく、価値が一方から他方に移転するだけであるように見える。

マルクスはここで、ある特殊な商品が存在し、その使用が価値を創出するのだと述べる。それは労働者の労働力である。労働する能力は商品として扱われている。有用性と価値があるということだ。労働力の有用性は、その取得者にとって役立つもの、すなわち労働である。資本家は労働者を働かせる。労働力の価値は、その労働力を生産するのに必要な労働時間であり、労働者にとって購買可能な商品を生産するのに必要な労働時間として定義される。そのような労働者による財の購買力をマルクスは（家族の複数の成員が働く場合も想定して、労働者とその家族の）「生存手段」の購買力と呼ぶ。労働力の「生産」ではなく「再生産」の語が用いられる場合もある。あらゆる商品と同様、労働力には価格がある。つまり賃金*である。

労働者には、取得可能な財の生産に必要な時間よりも多く働く可能性がある。それを見て取るならば、剰余価値の謎は氷解する。剰余価値の源は、剰余労働時間にある。

資本主義における価値創出の力は、労働力に特有のものである。資本のうち労働力の購入に充当される部分は、それゆえに「可変資本」と名付けられる。原料や機械の購入に充当される部分は「不変資本」である。剰余価値mと、その源泉となる可変資本vとの関係式は、剰余価値率m/vとして表わされる。

剰余価値は一つに決まるが、それを増殖させる手法は二通りある。労働日の長さは、資本家と労働者のあいだの力関係で決まる。技術的・組織的な生産条件および賃金購買力が一定であれば、労働日が長くなるほど剰余価値は増大する。これは「絶対的剰余価値」と呼ばれる。剰余価値を増大させる手法はもう一つある。労働者の生存手段の生産に必要な労働時間の短縮である。生産条件の変革によって労働生産性が上昇しても（同じ時間で生産される財が増えても）、その増分を享受できるほど労働者の購買力が上がらなければ、剰余価値は増大する。この場合は「相対的剰余価値」と呼ばれる。

マルクスは、マニュファクチュアや大工業（「協業」の項参照）に見られるような生産条件の変革の目的が、剰余価値および剰余価値率の増大にあることを強調する。『資本論』第一巻の分析には、第三巻で展開される内容をやや性急に先取りした面もある。第三巻では、資本家が最大化するのは実は利潤率*であって、剰余価値率はその決定要因の一つにすぎないことが示されることになる。

進歩

マルクスとエンゲルスは、十九世紀に支配的であった進歩イデオロギーを必ずしも免れているわけではない。たとえば、イギリスによるインド殖民地化に関する一八五三年の論文記事で、マルクスがとった立場がそうである。いわく、犯罪と野蛮な行為にかかわらず、この殖民地化は「歴史の無意識的な道具」であった。資本主義的生産力をインドに持ち込み、アジアの（停滞した）社会的状態にまさに革命を引き起こした。大規模な社会革命によってブルジョワ社会が廃止されて初めて、「人間の進歩は、ぶち殺した人びとの頭蓋骨からしか美酒を飲まない忌まわしいあの異教徒の偶像に似なくなる」という。ヘーゲルの歴史哲学の「理性の策略」と大差ない。

しかし、『資本論』では、征服戦争と植民地化の分析は第一に、資本の本源的蓄積の血塗られた、いかなる目的論によっても正当化されない過程の、非人間的で野蛮な性質の告発となる。マルクスはその大著において一般論として、資本主義では「経済的進歩の一つ一つが同時に社会的災厄である」(1)と断じる。

(1) フランス語版による。ドイツ語版にはない〔訳注〕。

この種の緊張状態は二十世紀のマルクス主義のさまざまな潮流の中にもみられる。ヴァルター・ベンヤミンは『パサージュ論』（未完、一九三〇年代）の中で、「進歩の概念をおのずと廃止したことになる史的唯物論」と明言した数少ないマルクス主義者の一人であり、「ブルジョワ思想の慣習」に逆らった。ベンヤミンに影響されたテオドール・W・アドルノとマックス・ホルクハイマーは『啓蒙の弁証法』（一九四六年）で、単線的ないかなる人間進歩の観念からも距離を置いた。

環境社会主義*の出現とともに、マルクス主義の伝統に根強くみられる進歩イデオロギーの別の側面、すなわち社会主義による生産諸力の限りなき発展が疑問視されるようになっている。

信用

『資本論』三巻では、信用メカニズムの分析に多くの紙幅が割かれている。マルクスはこの問題についてさまざまな形の展開を行なっているが、体系的にはまったくまとめられていない。

まず、資本主義的生産様式に固有の論理の内部でその効率を高めている信用制度の機能を強調した一連の分析が見出される。信用によって、資本のさらに完全な使用が可能となる。なぜならば、一時的に使われていない資本の一部を貸付の対象とすることで、蓄積*を維持できるからである。信用は資本主義的な競争*のメカニズムに従って、部門間の資本の配分に寄与する（資本収益によって投資が誘導される）。

信用は資本主義的生産の高度な形態、とくに株式会社の支柱の一つである。特殊な範疇の資本家である貸し手すなわち貨幣資本家は、みずからの資本を能動的資本家に委ね、自身は資本家の業務に携わらない（「利子」の項参照）。大量の資本を集積した銀行が、貨幣資本家の代理として貸付を行ない、この貸付資本の「管理者」となる（「銀行資本」の項参照）。

しかし、信用制度は不安定化を引き起こすものでもある。この点はおもに産業循環の研究で扱われている（「恐慌」の項参照）。信用は繁栄局面に向けて蓄積*に刺激を与えるが、利子率が上昇すると、そのような拡大は不安定になり、経済が過剰生産と大暴落に陥る可能性がある。信用制度はさらに金融の不安定化の媒体ともなる。マルクスが「擬制資本*」と呼ぶものが増加する結果、あらゆる種類の大量の債権（すなわち証券）が、金融恐慌局面において、自己の現実化すなわち貨幣*形態の回復を目指すからである。

スターリン主義

一九二〇年代末から死ぬまでソ連最高指導者の地位にあったヨシフ・スターリン（一八七九～一九五三年）の名に由来する。スターリンはレーニン主義*の忠実な代弁者を標榜したが、彼の思想と実践は新たな歴史的現実として刻まれることになる。第一に、一国社会主義の路線を採った。ソ連一国だけでの社会主義の建設という目標に、世界の共産主義運動*を事実上従属させることをいう。第二に、中国をはじめとして、植民地あるいは半植民地の状態に置かれた諸国では、革命は段階的になされていくと考えた。そうした諸国では、社会主義革命を実現する経済的・社会的条件がととのっていないため、プロレタリアート*、農民層*、民族ブルジョワジー*が同盟して、民族民主革命を起こすことが先だとする考え方である。第三に、権力を強圧的で一枚岩のものとして捉えていた。それが血みどろの「粛清」を引き起こすことになる。何百万人もの反対派が、そう目されただけの者も含めて、片端から殺された。一九一七年のボリシェヴィキ指導者の大部分も粛清された。

スターリン派は共産主義者、あるいはレーニン主義者を自称した。反共産主義者が彼らを指す時の呼称も同様であった。「フランス随一のスターリン主義者」を名乗ったモーリス・トレーズのような例外を別とすれば、「スターリン主義」の語はおもに左派内の反スターリン派、とりわけトロツキーの一派によって用いられた（「トロツキズム」の項参照）。彼らの見解によれば、スターリン主義は――スターリンに忠実な共産主義運動も含めて――ソ連国家の堕落の産物であり、労働者をさしおいて政治権力を独占した官僚層の凶暴な親玉がスターリンであった。トロツキーはスターリン時代のソ連を「官僚的に堕落した労働者国家」と呼んだ。トロツキーの流れを汲む反主流派が付けた呼称としては、マックス・シャークトマンによる「官僚的集産主義」、トニー・クリフや「社会主義か野蛮か」*グループによる「国家資本主義」などがあり、後者はマルクス主義者のあいだで広く用いられている。

西欧マルクス主義

西欧の一部のマルクス主義思想家、とくにジェルジ・ルカーチ、カール・コルシュ、アントニオ・グラムシ、エルンスト・ブロッホやフランクフルト学派について、ソ連の（「東方の」）マルクス主義正統派との対比で用いられる。初めてこの概念を使用したのはモーリス・メルロ＝ポンティの著書『弁証法の冒険』（一九五五年）である。ただし彼はルカーチの著書『歴史と階級意識』（一九二三年）しか挙げていない。最も体系的な考察の試みはペリー・アンダースンの著書『西欧マルクス主義』（一九七六年）である。アンダースンによれば、上に挙げた著者だけでなくアンリ・ルフェーヴル、リュシアン・ゴルドマン、ジャン＝ポール・サルトル、ルイ・アルチュセールがこの流派――地理的、世代的な基準に従って区分された――に属している。これらの思想家には、その違いにもかかわらず、いくつかの共通した特徴があるという。経済と政治*から哲学*への関心の移行、理論と実践の断絶、悲観的な歴史観、文化の微細で革新的な分析である。西欧マルクス主義は総じて、敗北期に形成され、その結果

——反資本主義的な志向性にもかかわらず——大衆から切り離され、社会主義（「共産主義」の項参照）を目指す政治闘争から切り離された知的伝統であるという。

ただ、アンダースン自身も認めるように、これが当てはまるのは一九四五年以降である。一九一七年に続く時期には、ルカーチ、コルシュ、そしてグラムシのように、同時代の労働運動や大規模な革命的蜂起と直接に結び付いた思想家がいただけに、これほど多様な著者全体に共通点を見出そうという試みには限界がある。とはいえ、ルカーチ、コルシュ、ブロッホ、グラムシなどの「西欧マルクス主義」のあいだに理論的、政治的、哲学的な親近性があることは否定できない。彼らの影響はフランクフルト学派に、さらにはこんにちに至るまで及んでいる。

生産

マルクスは『経済学・哲学草稿』（一八四四年）で、次の定式により、生産という範疇を自然主義*的な人間学の中心に据えた。「人間は人間を生産する。人間はみずからを生産し、他の人間を生産する」。人間の生産活動が自然*の生産性の貫徹であるように、「世界史と呼ばれるものは、人間労働による人間の産出、人間のための自然の生成にほかならない」。

『ドイツ・イデオロギー』（一八四六年）以降になると、生産の優位性は人類学的な意義を失う。『経済学批判要綱』（一八五七〜五八年）においては生産は、「一般的に」考えて「社会全体」の行為としての「労働過程*」であるとされる。生産過程がつねに生産力の発展水準と、特定の生産様式に固有な社会的関係によって規定されるものである以上、「生産は一般的に抽象化である」と記される。

生産の優位性は、マルクスにおいて多様な機能を担っている。マルクスは、生産力と生産の社会的関係の弁証法*が、それぞれの社会編成の中で決定的な役割をもつことを明らかにしようとする（「生産様式」の項参照）。生産の優位性は、批判*としても機能している。「生産が金持ちに対してもつ意味は、貧乏人に対してもつ意味の中にはっきりと見える。上層部の人びとに対する意味は、つねに洗練され、遠回しで、曖昧である。それは外観である。下層部の人びとに対しては、粗野で、露骨で、率直である。それは本質である」。

マルクス主義哲学者のあいだでは、次のような議論が展開された。マルクスによって提唱された生産の唯物論*の独創性を擁護すべきなのか？　それとも逆に、生産の論理だけに社会的生活を還元してしまっており、相互的行為のコミュニケーション的な側面（人間のあいだの「通交」の項参照）と「プラクシス」の相対的な自律性（「実践」の項参照）を過小評価していることを告発すべきなのか？

生産様式

マルクスは政治経済学の研究を深める以前から、人間社会の歴史は「生産様式」と呼ぶ時代区分に従って進んだとする解釈を進めていた。そうした生産様式の代表は「アジア的、古代的、封建的、近代ブルジョワ的」であり、ブルジョワ的生産様式はまさに資本主義的生産様式を指す。四つのそれぞれは一定の階級*構造が連動するが、単純化すれば、支配階級と被支配階級との対立である。支配者は順に、アジア的専制君主と取り巻きの貴族階級（僧侶、官吏）、主人、領主、ブルジョワであり、被支配者は、貴族に管理される農民、奴隷、農奴、プロレタリアである。支配階級は、被支配階級の労働*の一片（剰余労働）、または労働生産物の一片を領得する。この過程が「搾取」である（「剰余価値」の項参照）。さらに、支配階級と複雑な関係を結ぶ商人・職人階級や賃金労働者階級の存在によって、実際には以上の基本的関係はつねにもっと複雑なものとなる。

「生産様式」の語は、人類史上の諸々の時代の区分として、そこに固有の性格が認められる場合に用いられる。さまざまな性格が混じり合った具体的な段階、とりわけ諸々の生産様式の過渡的形態に関しては、「社会編成」という語が用いられることが多い(1)。

(1)ドイツ語ではGesellschaftsformation、「社会構成」「社会構成体」「社会的編成」など、さまざまな訳語が充てられている〔訳注〕。

『資本論』をはじめとする経済学の著作で、マルクスは資本主義的生産様式の階級的特徴を論証しようとした。資本主義的生産様式は、先行する諸々の生産様式の後継として位置付けられ、剰余労働の領得が剰余価値の形態を取る。資本主義的生産様式では恐慌*をはじめとする矛盾*が生じると同時に、革命階級たるプロレタリア*階級が、資本主義自体によって形成される。その結果、ブルジョワ*支配が転覆され、階級なき社会が樹立される。ここに「人類の前史」は閉じられ、新たな「社会主義」時代、次いで「共産主義*」時代の幕が開かれる。人間による人間の搾取は終わる。

このような歴史運動の解釈には、マルクスが生産諸力および生産諸関係と呼ぶ二つの総合的な過程が関わっている。生産諸力は、生産能力の決定要因のことで、自然資源、技術、企業内の組織化や企業間分業の組織化を含む。生産諸関係は、階級毎の社会的位置を作り出す人間間の諸関係をいう。社会的位置とは、生産手段を資本家は所有し、プロレタリアは所有しない（労働力をもつだけで、それを資本家に売るほか生計を立てる道がない。「剰余価値」の項参照）ということである。

以上の歴史解釈に関して、マルクスは体系的な概論を残していないが、一八五九年に刊行された『経済学批判』の序言には、その簡略な叙述に加え、彼の知的な経歴も記されている。

政治

マルクスにおける政治の観念は、つねに国家*による社会の組織化の問題と連動している。彼の政治批判の根底には国家に対する批判がある。「政治の終焉」という彼の観念は、後にエンゲルスが国家の「死滅」と名付ける構想とつながっていく。

マルクスは一八四四年の『独仏年誌』で、政治的解放*の限界を強調した。それは「単に政治的な」解放でしかない。要するに国家の成員としての人間を解放するにすぎない。彼の政治批判は、「政治的抽象化」と「政治的幻想」に向けられていく。政治的抽象化とは、政治的解放が抽象的な性格をもつにすぎないことを指す。「政治的幻想」とは、政治的解放だけが真の解放だとする幻想であり、それを生み出すのは国家である。

『ドイツ・イデオロギー』、『哲学の貧困』、『共産党宣言』、『ゴータ綱領批判』といった成熟期の著作では、「政治的幻想」批判は新たな形を取る。国家によって作り出された幻想として批判されるのは、国家が支配階級に奉仕する抑圧装置ではなく一般利益の代表であるという幻想である。マルクスによれば、政治と階級闘争とは二重に絡み合う。第一に、政治はつねに階級闘争と連動する。政治が外見上は自律的な国家の形態を備えた場合とて同じである。第二に、「あらゆる階級闘争は政治闘争である」。政治闘争が社会闘争ほど重要でないことにはならない。国家権力を奪取して、社会の集産的組織化に公権力を奉仕させる方向へと、国家権力を作り替える必要がある。

したがって、政治の終焉とは、階級闘争の消滅だけでなく、分離された公権力としての国家の死滅も意味することになる。

全体＊

『経済学批判要綱』（一八五七～五八年）の序説でマルクスは、消費、生産、分配、交換を、同じ全体の異なった要素として考察する必要性を強調した。「異なった契機のあいだに相互作用がある。有機的な全体の場合はつねにそうである。」彼はまた、思考によって具体物を「規定性と関係性が豊かな全体」として再現する方法が、正しい法法であるとする（「思考の具体物」の項参照）。マルクスは『資本論』でこの方法論上の指令を実行に移して、「資本主義的生産の総過程」の研究を計画し、そのような過程を「現実条件の総体において考察された展開」として定義する。

弁証法*的なマルクス解釈（ジェルジ・ルカーチなど）は、マルクス主義が社会編成（「生産様式」の項参照）をつねに全体として考察すべきことを主張した。これは、「真なるものは全体である」というヘーゲルのテーゼの踏襲のようにみえるし、それが批判されたのもまた、ヘーゲルとの類似性ゆえであった。古典的マルクス主義に対してテオドール・W・アドルノは、支配関係と物象化*を特徴とする社会編成においては、ヘーゲルの主張とは逆に、「全体は真ならざるものである」ことを強調した。ルイ・アルチュセールは「表出的な全体」というヘーゲルのモデル（より一般には「有機的な全体」との喩え）に対して、支配因をもって連結した全体という観念（「重層的決定」の項参照）を対置した。

疎外

マルクス主義を哲学的に有名にした概念の一つが疎外（エントフレムドゥング、エントイセルング）である。疎外の概念はヘーゲルやルートヴィヒ・フォイエルバッハが作り出したとよく言われるが、二人はさほど用いておらず、初めて中核的な位置付けを与えたのはマルクスである。疎外の概念によってマルクスが示すのは、第一に分離（人間とその本性＝自然との分離、労働者とその生産物との分離）、第二に転倒（人間と神の関係の転倒、社会的営為と政治的営為の転倒、人間活動と経済関係の転倒）、第三に客体による主体の抑圧（宗教的表象への人間の従属、国家による社会的営為の支配、資本による労働者の抑圧）である。これらはそれぞれ由来を異にする。人間が固有の「類的存在*」を剝奪され、自己と疎遠になるという宗教的疎外論は、フォイエルバッハから来ている。人間がその生産物（神）に抑圧されるという宗教的疎外論は、ブルーノ・バウアーから、手段と目的の関係が貨幣において転倒するという疎外論は、モーゼス・ヘスからである。

疎外の概念はとりわけ初期の著作で用いられた。一八四三年の『ヘーゲル国法論の批判』、四四年春の『独仏年誌』、四四年の『経済学・哲学草稿』を通じて繰り広げられるさまざまな批判*の対象は、哲学*、宗教*、政治*、労働*と多岐に及ぶが、それらの展開と相互の連結を支えているのが疎外の概念である。マルクスは次のように考える。宗教は人間がその集団的な美質を意識するための一つの方策ではあるものの、人間は自身から剝奪された方策によって、非人間的な従属にいそしむことになる。観念論哲学もまた、疎外された思考の一形態である。そこでもやはり、宗教的幻想が再現されている。フランス革命に始まる政治的解放*は、政治的疎外の一形態である。そこで確立されるという人間の自由は、ひとえに市民権という形式に、つまり現実の社会的営為から分離され、現実の社会的営為を外部から支配する国家への参加という形式に限定されている。そして宗教的疎外、哲学的疎外、政治的疎外の元凶は、社会的疎外に求めなければならない。マルクスの最大の独創性はこの点にある。マルクスは社会的疎外を論じるに当たり、疎外された労働という概念を示す。労働者が自己の活動の生産物と、自己の活動それ自体と、外部の自然と、他の人間と、そして自己の本性と、いかに分離され、転倒し、対立する関係にあるかということだ。

マルクスの（『資本論』も含めた）思想のさまざまな要素を疎外批判として捉え、社会的営為の集団的再領有という構想の一環として見る傾向が、マルクス主義では大勢をなす。その一方で、ルイ・アルチュセールのように、疎外の概念は一八四六年の『ドイツ・イデオロギー』で批判された人間主義*と表裏一体であり、成熟期のマルクスにあってはもはや決定的な役割を果たしていないと論じる者もいる。

蓄積

資本家が剰余価値*の一部を取り置いて、自分の資本*に付加する場合がある。これが蓄積である。そのような資本は以前よりも大きな規模で活動を再開する。マルクスの言う「拡大再生産*」である。

蓄積が雇用数と失業数に及ぼす作用について、マルクスは『資本論』第一巻の終わりで詳細に論じている。蓄積を通じて増殖した資本は雇用を拡大する方向に向かうが、雇用拡大の程度は資本構成*によりけりである。言い換えれば、不変資本と可変資本のそれぞれへの、新たな資本の配分率に左右される。直接的に雇用を生み出すのは可変資本だけである。単純化のために、不変資本は機械だけであるとすると、資本構成の高度化は生産の機械化に一致すると言ってよい。資本家が労働者を機械で置き換えるということだ。そうした置き換えが進めば進むほど、雇用は縮小し、資本が蓄積される。

蓄積が継続的に進めば、雇用数は利用可能人口の上限に近づき、賃金購買力の上昇傾向をもたらすはずだ。つまり、完全雇用の状況である。マルクスはこれを「資本の過剰蓄積」と呼ぶ（「恐慌」の項参照）。

利用可能人口に比べて資本が過剰にあるという意味だ。ところが資本構成の高度化には、そうした状況を回避あるいは延期する作用がある。「産業予備軍」となる大量の失業者が創出され、再生産されていくからだ。資本家階級は賃金を統制できるようになる。増額を抑え、ひいては減額さえする。それは（絶対的あるいは相対的な）「貧困化」を生む。ただし、労働者の購買力の長期的な変化については、マルクスの記述はあまり明快ではない（「賃金」の項参照）。

上記のマルクスの分析は、主流派経済学の説に対する反論をなす。トマス・マルサスやデヴィッド・リカードなどが唱えた「人口法則」説では、論証の筋道はそれぞれ異なるが、資本の蓄積能力に比べて労働者階級の再生産の速度が過大であり、あるいは循環局面によっては過大になりかねず、それゆえ労働者の失業と窮乏の責任は当の労働者階級にあるとする。マルクスはそうした説に対して「資本主義的蓄積の法則」を示し、資本家が労働の多寡を制御できるようになっているのだと論じた。

『資本論』第三巻で展開される産業循環（恐慌はその局面の一つ）の分析や、利潤率低下の傾向の分析（「傾向」の項参照）は、上述の機序と大きく関連している。しかしマルクスが存命中に刊行したのは第一巻だけだったため、仕方のないことだが、第一巻と第三巻の関連付けが周到であるとは言いがたい。恐慌については題一巻でも、循環の加速局面で雇用数が利用可能人口の上限に至り、恐慌期に再び産業予備軍が生み出され、恐慌後の新たな蓄積局面で有機的構成の高度化による補正が起こることがおおむね示されている。他方、資本構成の高度化が利潤率に及ぼす影響については、第一巻では検討されていない。

第一巻の最後は、資本の「本源的蓄積」（と称されるもの）の考察に充てられている。そもそもの資本蓄積がイギリスでいかにして可能となったのか。農村地主が収奪を進め、住民が生存のために（たきぎを拾ったり、魚を塩漬けにしたりして）利用していた「共有」地が売却され、囲い地が設置（エンクロージャー）されたからだ。これらの恐るべき社会的暴力によって住民の大部分は窮乏化し、プロレタリア*の境遇に、つまり労働力を売るほかない個人という境遇（「剰余価値」の項参照）に追いやられた。

抽象化

マルクスの独自性は、抽象化の概念を、その通常の適用分野である認識理論だけでなく、社会理論の分野でも用いたことにある。マルクスはそこで、現実的抽象化の概念を鍛え上げた。

認識理論の分野では、抽象化の概念を時には否定的な、時には肯定的な意味で用いている。初期にはヘーゲルの思弁的アプローチを批判して、ヘーゲルが論理的抽象化にとどまっているにもかかわらず、そのような抽象化を具体物として通用させているという非難を繰り返した。この時期の抽象化批判は、疎外された思考に対する批判の一環をなす（「疎外」の項参照）。のちの『経済学批判要綱』（一八五七～五八年）の序文になると、抽象化はこれと比べてはるかに肯定的な機能を与えられる。世界を領有し、それを「思考の具体物*」という形で再現するためには、思考は抽象化を出発点としなければならない、というのがマルクスの主張である。ただし、彼は次の二点を加えている。（a）思考の現実の出発点が、現実の世界に対する直感であり、抽象的な範疇ではないことをけっして忘れてはならない。（b）経済学が出発点とすべき抽象化は、歴史的に規定された抽象化である（「方法」の項参照）。

抽象化の概念は、『資本論』において、新たな分野に用いられる。それが社会理論と社会批判である。交換価値（「商品」の項参照）は商品のさまざまな有用性を捨象し、具体的な人的労働を抽象的な労働（「労働」の項参照）に還元しようとする過程の結果であるとマルクスは論じ、現実的抽象化に従った社会的生活というテーマを素描した。

具体物と抽象物の弁証法*という主題は、多くのマルクス主義者に引き継がれた。具体物とは、諸々の規定の全体である。この定義に依拠して、歴史的、社会的、政治的な情況の「一面的な」分析が告発され、「具体性の弁証法」からのマルクス哲学*の解釈が、チェコの哲学者カレル・コシークによって示された。抽象物から具体物への移行を論じたルイ・アルチュセールや、被規定的な抽象化を論じたガルヴァーノ・デッラ・ヴォルペ一門においても、抽象化の概念が重要な役割を演じている。また現実的抽象化の観点からの『資本論』解釈が、おもにフランクフルト学派において発展した。

賃金

賃金は特殊な商品*、すなわち労働力の価格である。他のあらゆる商品と同様に買い手はそれを用いる目的で、この場合は賃金労働者を働かせる目的で労働力を購入する。それは家内労働者の場合のように個人的な使用か、公務員の場合のように集合的な使用かになる。賃金条件は、資本主義社会の大多数を占める狭義の資本主義的な（つまり企業の）賃金労働者層だけで決まるわけではないし、企業の賃金労働者層自体も生産的労働者の雇用数より広範である（不生産的賃金労働者が存在するからである。「労働」の項参照）。資本主義の賃金条件の原因は、資本家が所有している生産手段の入手機会が労働者からは奪われていることにある。

　賃金購買力の歴史的推移に関しては、マルクスが自身の見解を明快に示したとは言いがたい。初期のマルクスは、「賃金鉄則」という言い表わされる説を支持した。労働力の生産ないし再生産と両立する一種の最低限度にまで、労働者の購買力が低下するのは、資本主義の歴史的力学によるとする説である。それに対して『資本論』では、労働者の欲求の歴史的すなわち相対的な性質を述べる。労働日の歴史的規定の分析（「剰余価値」の項参照）にみられるように、資本家とプロレタリアのあいだの力関係に、賃金の歴史的水準に対する多大な潜在的影響を見出していたものと考えられる。しかし他方、資本主義的蓄積の法則*の研究では、技術的変化により、資本家が賃金購買力の上昇傾向を食い止める大きな手段を手にすることが強調されている。

通交（人間のあいだの）

マルクスはポール・アンネンコフ宛の手紙（一八四六年）の中で、自分の歴史観の原則を次のような言葉で（また、フランス語で）要約する。「形態がどうであれ、社会とは何か？　人間の相互的行為の所産である（……）。人間の物質的関係は、人間のすべての関係の基盤をなす（……）。人間は、通交の様式がもはや既得の生産力と呼応しなくなるや、すべての伝統的な社会形態を変えざるを得ない。私はここで、『通交』という語を、ドイツ語の **Verkher** と同じように最も普遍的な意味で捉えている。」

社会は欲求*を充足させるための協業的な活動として定義され、この協業的な活動は生産活動または労働*であると同時に、他者との相互的行為でもあるとされる。この後者の意味での **Verkher** が『ドイツ・イデオロギー』（一八四六年）の中で用いられ、手紙では「通交」（「人間のあいだの」）と訳されている。しかし、明らかに経済学的な意味をもつ「交換形態」（Verkehrsform）や「交換関係」（Verkehrsverhältnisse）の場合、その意味合いを「交換」以外の語訳で表わすのは難しい。

たとえば、人間のあいだの通交（または交換）という概念には、全般的な諸個人の相互的行為（「物質的な交換」）と「精神的な交換」だけでなく、相互的行為が経済的活動の中で（生産的「協業」と商品交換の形で）実現される方式も含まれる。『資本論』の中で相互的行為における物神性*と法*の機能が分析されているのと同様に、『ドイツ・イデオロギー』では相互的行為における言語の機能が分析されている。それは人間のあいだの通交に固有の様態に関する理論である。

マルクスに対しては、(あたかもすべての社会的生活を人間の生産活動に還元できるかのように)生産という視点でのみ社会的歴史的な世界を分析した(ジャン・ボードリヤール)、人間の活動を「道具的行為」に還元した(ユルゲン・ハーバマス)といった非難が向けられている。しかしながらマルクスは人間の行為を最初から二つの面で、つまり一方では、自然および労働生産物との道具的な関係(経済的な生産と交換)、他方では、他者との関係(人間との通交)として捉えているのである。

帝国主義

帝国主義は一般的には、たとえば「ローマ帝国主義」のように、先進諸国が後進諸国をさまざまなメカニズムで支配し「搾取する」国際的なヒエラルキーの意味で用いられる。二十世紀に現代的な意味での帝国主義の概念を提示したのは、ジョン・アトキンソン・ホブソンの先駆的な著作『帝国主義論』(一九〇二年)であり、帝国主義の力学が自由競争資本主義から独占資本主義への移行と連動していることを明らかにした。オーストリアのマルクス経済学者ルドルフ・ヒルファディングは一九一〇年に『金融資本論』を刊行し、産業資本と金融資本が金融資本支配のもとで融合したことが、帝国主義を伸長させたと説明した。続けてローザ・ルクセンブルクが『資本蓄積論』(一九一一年)の中で、資本が市場と前資本主義的経済を征服するという必然性の結果として、植民地と帝国主義が拡大したと分析した。さらにレーニンは、ホブソンとヒルファディングに加え、ニコライ・ブハーリンその他の著作をより政治面に特化して総合した。一九一六年に発表され、マルクス主義活動家にとっての基本文献となった『資本主義の最高の段階としての帝国主義』である。レーニンが示す定義は次の通りである。「帝国主義とは、独占と金融資本の支配が成立し、資本の輸出がきわめて重要となり、国際トラストのあいだで世界の分割が始まり、最大の資本主義諸国による地球の全領土が完了する、という発展段階に達した資本主義である。」

一九四五年以降、マルクス主義の帝国主義理論は、時代に応じた進展を見せる。ポール・M・スウィージーとポール・バランが北米をはじめとする独占資本に関して、エルネスト・マンデルが多国籍企業に支配された後発資本主義に関して、従属理論（アンドレ・グンダー＝フランク）がラテンアメリカと「低開発の開発」に関して、そしてイマニュエル・ウォーラーステインが資本主義の世界システムに関して、理論的な展開を進めた。

哲学

マルクスにおいては、哲学との関係はさまざまである。初期には『独仏年誌』（一八四四年）で、「批判哲学*」という発想を擁護した（ルーゲへの手紙、一八四三年九月）。そして「哲学の実現」構想を唱えている。「哲学は、実現することなしに止揚することはできない」、「哲学は、止揚することなしに実現することはできない」（『ヘーゲル法哲学批判序説』、一八四四年）。『フォイエルバッハに関するテーゼ』

（一八四五年）では、第一一テーゼで明言する。「哲学者たちは世界をさまざまに解釈してきたに過ぎない。肝腎なのは、世界を変えることだ。」『ドイツ・イデオロギー』（一八四六年）では、それをさらに徹底する。「一挙に（哲学から）脱し、普通の人間として現実についての研究に取りかからなければならない。」このような批判がなされた以上、もはや哲学に帰すべき機能は、方法論の考察と科学的成果の総括しか残されていないように思われる。

　以上のように問題を設定したことで、マルクスは哲学を一つの難題としてマルクス主義に委ねることになった。哲学者たちはこの難題にさまざまに取り組んだ。エンゲルスはマルクスの哲学思想の偉大さを明確にしようとする一方で、哲学を自然科学の成果の単なる総括に還元していたように思われる。次いで、哲学を清算してしまうのは危険であり、哲学の批判的機能が理論的、政治的に重要であることをさまざまな著者が強調した（カール・コルシュ）。マルクス主義哲学者の大半は哲学の擁護を買って出て、新しい哲学の提示を試みたり（ジェルジ・ルカーチ、アントニオ・グラムシ）、哲学の新しい実践の独創性を主張したり（フランクフルト学派など）した。哲学とのマルクスの「切断」の哲学的意義を明確にしようとする哲学者もいた（ルイ・アルチュセール）。

党

　一八四八年にマルクス＝エンゲルスが共同で執筆した檄文は『共産党宣言』と題された。そこでは党は、世界のプロレタリアート*全体の歴史的利益を代表するものとして規定されている。党の目標は、プロレタリアートによる政治権力の獲得であり、ブルジョワ的所有の廃止である。そのような党を結成しようとする最初の試みが、共産主義者同盟だった（一八三六年に義人同盟として結成、四七年に改称）。一八六四年にはマルクス＝エンゲルスの支持の下に、国際労働者協会（IWA、第一インター）が創設された。政治的に多彩なメンバーが集まり、国の枠を超えた新たな形態の組織となる（「国際主義」の項参照）。一八七二年のIWAの〔解散に至った〕ハーグ大会で、マルクスの主導によって採択された決議は次のように謳った。「有産階級によって作られた旧式のあらゆる政党とは別個に、それらと対峙する政党をみずから結成することによってのみ、プロレタリアートは階級*として行動することができる」。この原則は、一八八九年に結成された第二インターでも踏襲される。ただし、そこでいう政党は、マルクス主義を掲げる大衆政党を指していた。

新たな政党観は、レーニンによって提示されることになる。一九〇三年の『何をなすべきか』は次のように主張する。マルクス主義者は前衛党を結成し、労働者階級の自然発生的な労働組合が奉じる経済主義を超克しなければならない。そのような党は、職業革命家を主体とし、中央集権を貫徹した組織となるべきである。このレーニンの主張に対して、若きトロツキーとローザ・ルクセンブルクは、あまりに中央集権主義的で、民主性に欠け、プロレタリアートの自然発生的な闘争に秘められた革命的潜在力を過小評価していると批判した。第二インターに加盟していた諸政党は一九一四年に総崩れとなり、その後継は共産主義インターナショナル〔第三インター、コミンテルン〕となる。少なくとも、スターリンが権力を独占する以前の初期に関しては、レーニン的な党モデルが第三インターの支配的な規範になったということができる。

道徳

マルクスによれば、道徳はイデオロギー*の主要形態の一つである。プロレタリアート*は無一物であり、したがって正当化すべき特殊利益がない。プロレタリア道徳なるものは存在しない。プロレタリアの道徳はつねに、ブルジョワ*道徳の一形態である。『共産党宣言』で述べられる「ブルジョワ的社会主義」や「小ブルジョワ的社会主義」は「道徳的社会主義」と同義であり、プロレタリアにはブルジョワ的イデオロギーに対する抵抗感がある。「法律、道徳、宗教*は、プロレタリアにとっては、どれもこれもブルジョワ的な偏見であり、いずれの背後にもブルジョワ的利益が隠されている」。

マルクスの考えでは、資本主義を批判するに当たり、普遍的な道徳規範を根拠とすべきではない。現行の社会秩序に対するプロレタリアの実践的闘争に固有の観点でやっていくべきだ。とはいえ、この闘争に倫理的な地平が皆無というわけではない。一八六五年の『賃金・価格および利潤』によれば、革命闘争は実存の「極度の劣悪化」に対する「抵抗」であり、一八七五年の『ゴータ綱領批判』によれば、万人の欲求を充足させる必要が、共産主義の基本をなす。

マルクス主義では道徳をめぐって、これまで三つの立場が見られた。第一は、政治的現実主義の名の下に道徳問題を相対化する立場（トロツキー）、第二は、普遍的な道徳原理を資本主義批判の根拠に置こうとする立場（エドゥアルト・ベルンシュタイン）、第三は、プロレタリア道徳＝マルクス主義的道徳をブルジョワ道徳に対置する立場（ロジェ・ガロディ）である。

独占

マルクス自身は、自然資源の掌握状態に関して、付随的に取り上げているにすぎない。独占の理論が発展したのは十九世紀終盤、とりわけ一八九〇年代のアメリカである。当時のアメリカは構造的恐慌、すなわち収益の恐慌（「利潤」の項および「恐慌」の項参照）のうちにあった。それは競争*の恐慌を引き起こし、企業間の談合（カルテルとトラスト）を促した。巨大企業は自己に有利になるよう競争のルールを逃れている、というイメージができあがる。それはマルクス主義経済学者の中心的な研究テーマになるとともに、民衆が大資本に反対する運動の論拠ともなっている。レーニンの理論によれば、独占は帝国主義の属性の一つである。

一九六〇年代終わりに、アメリカのマルクス主義経済学者は「独占資本主義」論を展開し、資本主義が新たな性質を帯びるようになったことで、競争の法則（生産価格の形成）はもちろんのこと、利潤率低下の傾向*すらも歪められていると主張した。フランスでも同様の方向で、ポール・ボカラが「国家独占資本主義」論を唱えている。

トロツキズム

本名レフ・ダヴィードヴィチ・ブロンシュテイン、別名トロツキーはロシアのマルクス主義革命家、赤軍の創始者であり、一九二九年にソ連から亡命し、一九四〇年にソヴィエトの官憲によってメキシコで暗殺された。一九二四年以降、スターリン主義*と対立する共産主義左派の反対勢力を、最初はソ連で、次いで世界的な労働運動の中で組織した。トロツキーとその支持者は一九三八年に第四インターナショナルを創設する。

マルクス主義へのトロツキーの主要な理論的貢献は下記の通りである。第一に永久革命論である。農民層*に支持されたプロレタリアート*の指導により、民主主義革命が社会主義革命へと「成長」していくとする。この理論は最初は（一九〇六年）将来のロシア革命を視野に入れて定式化され、のちに（一九三〇年）全植民地諸国および半植民地諸国についても一般化される。革命は最初は周辺国で起きたと言えるかもしれないが、社会主義は一国のみでは建設されえない。第二に一九二四年以降の「官僚的に堕落した労働者国家」としてのソ連の分析である。スターリン独裁は労働者による政治的革命によって転覆されるべきである、とする。第三は過渡的綱領である。そこに含まれる早急かつ具体的な要求の力学が、資本主義体制自体との対決を導くことになる（たとえば労働者による生産の管理）。

トロツキストの運動は一連の分裂を経験し、大部分の国では労働運動の少数派にとどまる。活動家と共鳴者の中には、多くの優れた知識人や芸術家がいる。作家のヴィクトール・セルジュ、シュールレアリスト詩人のアンドレ・ブルトン、経済学者のエルネスト・マンデルなどである。一九五〇年代以降の第四インターナショナルの主要な指導者であるマンデルは、後発資本主義の分析や、社会民主主義についてのローザ・ルクセンブルクに影響を受けた考察によって、トロツキズム理論的集成を大きく変革した。

人間主義

マルクスは自己の哲学的立場を、『経済学・哲学草稿』（一八四四年）では人間主義および自然主義として、次いで『聖家族』（一八四五年）では「現実的人間主義」として規定する。彼の人間主義の原則は、『独仏年誌』（一八四四年）で展開された宗教*批判*に示されており、神の美質は集団的存在として考えられた人間存在の美質にほかならないという。それに対して、人間の内なる自然の延長であり、自然との相互作用において（労働によって、歴史の中で）活性化される力こそが人間の美質である、とするのが自然主義的あるいは現実的な人間主義である。これらの著作で示された人間主義は、一般的な哲学原理を与えるだけのものではない。それは、「人間〔を〕貶しめられ、抑えられ、見捨てられた、くだらない存在」（『ヘーゲル法哲学批判序説』、一八四四年）に還元してしまう社会に対する批判でもある。この人間主義のもとで、共産主義*が人間の美質の再領有（「領有」の項参照）として擁護される。

『ドイツ・イデオロギー』になると、「人間」を普遍的な説明原理にしようとする哲学的企てはことごとく、唯物史観*のもとに論難される。そこでは共産主義は、「現在の状態を止揚する現実的な運動」として位置付けられる。共産主義運動は、もはや人間の本性（自然）の実現としてではなく、資本主義社会によって成形されたのとは異なる種類の人間の出現として構想されることになる。革命だけが生み出すことのできる人間の変革が、共産主義社会の前提となる、とマルクスは述べる。

マルクス主義は以上の二つのアプローチの一方か両方を引き継いで、その組み合わせを考究せざるを得なかった。チェ・ゲバラのような「革命的人間主義」は、解放に至るためには資本主義の矛盾を取り除くだけでは不充分であり、社会的変革は人間性の根本的な願望を充足する必要性に導かれねばならないことを強調する。とはいえ、この革命的人間主義は、人間の本性への単純素朴な信頼に基づいているわけではない。人間の改革、チェ・ゲバラと毛が「新しい人間」と呼ぶものの創造が、共産主義社会の条件の一つとされていることに変わりはない。対照的にルイ・アルチュセールは、マルクスの哲学的立場を「理論的反人間主義」であるとする。アルチュセールによれば「人間」の原理は、純粋に理論的な視点からだけでなく政治的帰結においても不充分であり、さらには神秘化の衣でしかないことになる。

農民層に対するマルクスの見解は、一八五二年の『ルイ・ボナパルトのブリュメール十八日』では両極的というほかない。一方では、分割地農民大衆を「同じ分母の量の単純な足し算」と呼び、彼らには政治組織を結成して階級的利益を擁護するような力はないと見る。農民層は一八四八年から五〇年にルイ・ボナパルトを支持している。ボナパルト王朝は「農民の開化ではなく迷信を、その未来ではなく過去を」を代表していたということだ。マルクスはその一方で、この同じ農民層が、革命において不可欠の役割を果たすことに期待をかける。農民層によって「プロレタリア*革命*は合唱隊を得る。あらゆる農民国においては、この合唱隊を欠いたプロレタリア革命の独唱は葬送の歌と化す」。

晩年のマルクスは、ロシアの農民共同体の伝統に多大な関心を寄せた。共産主義に向けた変化を進めるに当たり、ロシアで農民の共同体所有を出発点にできるのではないか、と一八八一年にロシアの革命家ヴェーラ・ザスーリチに宛てた手紙や、一八八二年刊行の『共産党宣言』ロシア語版に寄せた序文で述べている。

それがロシアのマルクス主義者に聞き入れられることはなかった。ただしレーニンはその戦略論的な文書の中で、帝政打倒の革命ではプロレタリアートと農民層が同盟する必要があり、労働者政党は大地主に対する農民層の闘争を支援しつつも、農民ブルジョワジーに対する闘争へと農村プロレタリアを組織しなければならないと主張した。毛沢東とホー・チ・ミン、つまり中国とヴェトナムの共産主義勢力の場合は、農民層を自国の民族的・社会的解放戦争の主要な大衆基盤とした。一九六〇年代にはチェ・ゲバラとフランツ・ファノンが、それぞれ異なる観点から第三世界諸国の農民の革命的な役割を強調することになる。

反映

マルクスはイデオロギー*を（暗箱の作用に喩えて）現実世界の転倒した反映として捉え（『ドイツ・イデオロギー』、一八四六年）、「観念は人間の頭の中に移し変えられ翻訳された物質でしかない」（『資本論』）と主張した。しかし反映の観念が、マルクス自身において決定的な役割を果たしたとは思われない。反映という範疇を認識理論の原理に仕立てたのは、エンゲルスとレーニンである。哲学*の歴史が思考と存在の関係を基本に展開してきたとの考えのもとに、観念論の伝統と唯物論*の伝統の闘争を記述することで、思考は物質（あるいは思考から独立した存在）の反映であると論じたのである。思考が物質的条件による制約に依存していることを強調し、また現実の過程が思考の中に再現されるメカニズムを記述するのが、この反映という観念である。

主体と客体の媒介や革命的な「プラクシス」（「実践」の項参照）の役割を再評価しようとする論者は、反映の理論のこのような機械論的な前提を批判した（ジェルジ・ルカーチ、アントニオ・グラムシ）。反映の理論に対しては、思考の批判力と自律性を過小評価しているという非難もなされている（テオドール・W・アドルノ、ルイ・アルチュセール）。

反資本主義

反資本主義はマルクスとともに始まったわけではない。資本権力に対する批判はそれ以前に、とりわけロマン主義者のあいだから起きている。マルクスが行なったのは、従来の批判論に大きく依拠しつつ、それを体系的にまとめ上げることだった。

『資本論』のどのページからも、資本主義の卑劣性に対する憤激がほとばしり出ている。その矛先は、資本の本源的蓄積*の時代に対し、また周辺諸国を凶暴なやり方で、つまり空前の犯罪と殺戮を通じて征服し、植民地化した時代に対して向けられる。さらに、資本主義体制の「通常」の近代的な運営にも向けられる。

五つの基本テーマが、マルクスの反資本主義の軸をなす。搾取の不正義（「剰余価値」の項参照）、疎外*による自由の喪失、カネへの換算、不合理性、現代の野蛮だ。五つの批判はどれも絡み合い、響き合い、踏まえ合い、連なり合って、包括的な反資本主義の視座を作り出している。マルクスはそうした視座から、共産主義*の思想家として独特の考察を繰り広げた。彼の批判は資本に搾取される階級*の観点に立つが、それだけにはとどまらない。あらゆる価値を交換価値だけに還元し、生のあらゆる形態を商品*に還元する体制をしりぞけるマルクスの批判は、普遍的な人間主義*に連なっている。

生産諸力の幾何級数的な伸長などにより、資本主義が歴史的進歩*をもたらしてきたこと（「生産様式」の項参照）、その結果として、自由と連帯に満ちた新たな社会に向かう物質的条件を作り出すことを、マルクスが看過していたわけではない。しかし、『資本論』の表現によれば「経済的進歩の一つ一つを公共的災厄と化していく[1]」限りは社会的後退の力でしかない、というふうにマルクスは資本主義を捉えていた。

（1）フランス語版による。ドイツ語版にはない〔訳注〕。

反資本主義は、二十一世紀初めを迎えた現在では、マルクス主義だけでなく、他の批判思想も採り入れたものとなっている。そしてフランスやヨーロッパその他の急進左派にとって、共通の了解事項となり、結集の旗印を形づくっている。

批判

マルクスの理論的な活動は、一連の批判として展開した。ヘーゲル法*哲学批判、宗教*批判、政治*批判、イデオロギー*批判、さまざまな形態の社会主義に対する批判（「共産主義」の項参照）、経済学批判。これらすべてに共通した特徴を敢えて求めるとすれば、マルクスが一方では言説に対する批判とその言説が伝える現実に対する批判とを、他方では理論的批判とこの現実の実践*的批判とを、つねに連結しようとしていることを強調すべきであろう。イデオロギー批判が社会批判のために動員されるのと同様に、「批判の武器」は「武器の批判」と（すなわち「実践-批判」活動と）関連付けられなければならない。経済学批判という観念には、この二つの特徴がよく示されている。第一に、経済学批判は古典派経済学*という範疇の批判であると同時に、資本主義経済の批判でもある。第二に、経済学批判は資本主義の科学的理論化であると同時に、資本主義に対して闘争中のプロレタリアート*の「代理人」（Vertrerter）でもある。

このようにしてマルクスは、批判というマルクス主義に深い影響を与えた概念に大きな広がりを与えた。それは主としてイデオロギー批判というテーマと、また歴史的な変化に応じた理論的政治的立場の見直しの必要というテーマと関連付けられていく。逆に言えば、疑問視されないイデオロギー的幻想に捕らわれたままの態度（単純素朴）、もしくは時局に適合した理論分析と政治戦略を定義できないことが明らかになった態度（教条主義）は、「非批判的な」態度であるということになる。それゆえ「自己批判」が重視されるようになる（スターリン主義時代に公安の手段として使われたにしても）。

「批判」はまた、マルクス主義の内部分裂を示す語としても用いられてきた。批判的マルクス主義の特徴は、一方ではイデオロギー批判に力を入れ、他方ではマルクス主義を一つの科学、国家や党が提示するドグマ、一つの単純な世界観、あるいは一つの単純な方法*に還元しようとするあらゆるセクトに抗して革命的実践を強調することにある。

ファシズム

ファッショはイタリア語で「束」を意味する。ムッソリーニが創設した国民ファシスタ党は、これを古代ローマから借用して象徴とした。ファシズムに対して、マルクス主義者が当初から反対したことは事実だが、何をもってファシズムと呼ぶかは定かでなかった。カール・カウツキーは一九三〇年の『行き詰まったボルシェヴィズム』で「ボルシェヴィズムのファシスト的堕落」という表現を用い、共産主義者（スターリン派）は二八年から三三年の時期に、社会民主主義（「共産主義」の項参照）を「社会ファシズム」と形容している。

やがてイタリアのファシズム、ドイツのナチズム、スペインのフランコ体制、オーストリア・ファシズム、ポルトガルのサラザール体制などに共通する特徴に対して、マルクス主義者は「ファシズム」の語を用いるようになる。一九三五年の共産主義インターナショナル〔コミンテルン〕第七回大会で、「金融資本の最も反動的、最も排外主義的、最も帝国主義的な分子による公然たるテロ独裁」という定義が、ゲオルギー・ディミトロフによって提案され、反ファシズム統一戦線戦術が採択された。トロツキーは、ドイツその他のファシズムに関する文書の中で、ファシズムがあらゆる独立的な労働者組織を敵視して、殺害対象としていることを強調した。ファシズムと大資本の関係に関する後年のマルクス主義者による研究は、ダニエル・ゲランをはじめ多数にのぼる。マルクス主義者に対しては、ユダヤ人とロマ人の虐殺の原因はナチズムの人種差別的な側面にあったのに、イタリアのファシズムとナチズムの違いを過小評価していた、という批判もなされている。

ヴィルヘルム・ライヒやエーリヒ・フロムのようなフロイト派マルクス主義者は、ファシズムの多様な形態とファシズム支持者の動機付けを分析した。フランクフルト学派のテオドール・W・アドルノ、マックス・ホルクハイマー、ヘルベルト・マルクーゼは、人種差別やファシズムの心理的土壌となる権威主義的パーソナリティに関心を向けた。

ここ数十年間にヨーロッパでは、外国人排斥・人種差別的な極右運動が急激に伸長している。メディアやオーソドックスな政治学は「ポピュリスト」運動と呼んでいるが、マルクス主義や無政府主義の立場を採る急進左派は、新手のファシスト運動と見る。

物象化

資本主義は労働を一つの物に変えようとする、あるいは、労働を一つの物のように見せようとする、という考えをマルクスは『経済学批判要綱』（一八五七～五八年）や『資本論』で繰り返し述べた。「物象化」（Verdinglichung / Versachlichung）という語が意味するのはこの過程である。

マルクスの断片的な考察を真の物象化論に改善したのは、『歴史と階級意識』（一九二三年）のジェルジ・ルカーチである。マルクスが、価値の歪められた表象を物のあいだの関係性として分析していたのに対して（「商品の物神性」の項参照）、ルカーチは資本主義がどのように自分や他者や世界に対する関係性の物象化を生み出すかを示そうとした。以後、「物象化」の語を使って、マルクス主義的な資本主義批判が多彩に展開されるようになる。社会の細分化、市場による平準化、手段として自分や他者や自然に対する関係性、科学的客観性という規範への世界の服従など、数々の反資本主義的な主題が扱われてきた。

物象化の概念には多くの後継者がいる。リュシアン・ゴールドマンはそれをマルクス主義哲学*の中心に据えようとし、ジョゼフ・ガベルはそれに精神病理学的な広がりを与えようとした。またテオドール・W・アドルノにおいては、その傷ついた生と否定的な社会的経験に発する現象学の作用素の一つが、この物象化の概念であった。

ブルジョワジー

「ブルジョワジー」という語は、もちろんマルクス＝エンゲルスが発明したものではない。数世紀前から都市部の富裕階級を指して広く用いられていたが、二人はこれに明確な意味を与えた。すなわち、工業・商業・金融業における生産手段（「資本」の項参照）と交換手段の所有者階級である。ブルジョワジーの概念は、一八四七年から五三年の政治的著作で根幹的な位置を占めるのに対し、後年の経済に関する著作では徐々に「資本家」に置き換えられることになる。

一八四八年の『共産党宣言』の有名な一節には、ブルジョワジーは生産と社会に革命的変化をもたらした階級であるという意外な賛辞が記されている。その賛辞が激しい非難を伴っていることはいうまでもない。マルクス＝エンゲルスによれば、ブルジョワジーは凶暴な抑圧者・搾取者の階級であるだけでなく、「人の尊厳を交換価値へと溶解」し、人間の絆を「むき出しの利害、非情な『現金勘定』」だけにしてしまった。

一八四八年から五〇年の革命時のフランスやドイツの階級闘争に関するマルクスの著作では、ブルジョワジーの政治的変遷と経済的・政治的分裂が重要な位置を占めている。政治的には「秩序の党」を次第に支持するようになり、経済的には産業ブルジョワジーと金融ブルジョワジー、政治的にはオルレアン派、共和派、ボナパルティストに分かれていったと記す。

二十世紀になると、ブルジョワジーの分派との共闘の可能性が、マルクス主義者のあいだで激論となる。ヨーロッパでは人民戦線を軸として、南側諸国ではいわゆる「民族ブルジョワジー」をめぐって、彼らは議論を戦わせた。人民階級と支配階級の分派との共闘という問題は、経営管理部門の雇われ人員（「社会階級」の項参照）についても提起され得る。彼らは第二次世界大戦後の数十年間のように、そうした左寄りの共闘に入ることもあるが、ネオリベラリズムに見られるように、資本家階級との右寄りの共闘に走ることもあるからだ。

プロレタリアート

プロレタリアートという言葉は、古代ローマでは子供（プローレー）の沢山いる下層民を意味していた。それが賃金労働者大衆を意味する言葉として、十九世紀に広く用いられるようになった。マルクスにおいては、労働力（「剰余価値」の項参照）を売って賃金*を得るしか生計を立てる道がなく、そのため資本による搾取に従属する階級*を意味する。現代では、つまりブルジョワ社会では、階級闘争*は主としてブルジョワジー*とプロレタリアートの対立として現われる、と一八四八年の『共産党宣言』は述べる。「工場労働者」、「労働者」、「プロレタリア」の語は、まったく同一とは言えないまでも同義であり、マルクスやエンゲルスの著作で交互に用いられている。『共産党宣言』によれば、産業が発達するにつれ、プロレタリアートは大規模な大衆として集積し、階級としての力と自覚を増していく。局地的な闘争が全国的な闘争に転じ、プロレタリアートはみずからを政党として組織化する。

プロレタリアートには歴史的な使命があるとマルクス＝エンゲルスは述べる。社会革命*によって資本主義を転覆し、それに替えて階級のない社会を打ち立てるという使命である。プロレタリアートの階級闘争は、隠然たる内乱の様相を帯びながら進む。そして、ある一点にまで達すると「隠然たる内乱は公然たる革命となって爆発する。プロレタリアートが、ブルジョワジーを力ずくで転覆し、みずからの支配を打ち立てるのである」。

両者の中間的な地位を占める諸々の社会集団は、つねにマルクス主義の論争点となってきた。資本家階級の側に含めるのか、プロレタリア階級の側に含めるのか、あるいは特殊個別の階級ないし諸階級と見なすのか。ニコラ・プーランザスらの主張では、プロレタリアートに含まれるのは生産的労働者、つまり資本家のために剰余価値を生産する労働者だけである。エルネスト・マンデルらの主張では、労働力を売って賃金を得る者はみな、従業員大衆や知的労働者も含めて、プロレタリアートに属することになる。

プロレタリア独裁

マルクス主義の概念の中で、これほど論争を引き起こしたものはない。マルクスは一八五二年三月五日付で友人ヨーゼフ・ヴァイデマイアーに宛てた手紙に、プロレタリア独裁とは「一切の階級の廃止への、階級のない社会への過渡期」であると記している。一八七五年の『ゴータ綱領批判』では、より明確な定式化を行なっている。「資本主義社会と共産主義社会のあいだには、前者から後者への革命的転化の時期がある。この時期にはまた、それに対応する一つの政治的過渡期がある。この過渡期の国家は、プ、ロ、レ、タ、リ、ア、ー、ト、の、革、命、的、独、裁、以外のものではあり得ない」。一八九一年にはエンゲルスが、七一年に刊行された『フランスの内乱』再版の序文で、プロレタリア独裁がいかなるものかはパリ・コミューンを見れば分かると論じている。

マルクス＝エンゲルスの言うプロレタリア独裁が、一人の指導者──「独裁者」──の権力でも党の権力でもなく、一八七一年のパリ・コミューンのように、労働者階級全体によって民主的に行使される権力であったのは明白に思われる。

レーニンは一九一七年の『国家と革命』で、マルクス＝エンゲルスがプロレタリア独裁に言及した箇所を詳論した。そして、議会民主制を擁護するカール・カウツキーら社会民主主義の理論家に対し、マルクス＝エンゲルスの言及と対比しつつ、激しい論難を加えている。他方でローザ・ルクセンブルクは、一九一八年に獄中で執筆した小冊子『ロシア革命論』に、プロレタリア独裁は「一党や一派の独裁ではなく、階級の独裁」でしかあり得ないと記している。「制限のない民主制の下での、人民大衆の非常に活発で自由闊達な参加」に基づいた革命権力ということだ。

プロレタリア独裁の概念は、ソ連にスターリン主義が出現すると、官僚独裁を正当化するイデオロギー装置の一つと化した。諸国の共産党の多くはこれを一九七〇年代に放棄したが、トロツキスト*勢力の中には用い続けているところもある。

ヘゲモニー

この概念を最初に提示したのは、マルクス＝エンゲルスではなく、ロシアのマルクス主義者である。まず一八八七年というかなり早い時点で、ゲオルギー・プレハーノフとメンシェヴィキの同志ユーリー・マルトフ、パーヴェル・アクセリロード、次いでレーニンとボルシェヴィキたちが用いた。その意味するところは、ロシアのプロレタリアート——とその党である社会民主労働党——の指導権である。帝政ロシアの絶対主義と闘い、これを転覆する革命の過程で、彼らの指導権の下に農民、知識人、(さらにメンシェヴィキによれば)民主派ブルジョワジー*といった他の社会階級や社会層が加わるということだ。

アントニオ・グラムシは『獄中ノート』で、ヘゲモニーの意味を拡張した。このイタリアのマルクス主義者によれば、あらゆる国家*は独裁とヘゲモニーの結合である。換言すれば、強制力と政治的・文化的・知的支配の結合である。東方(ロシア)の市民社会が「原初的でゼラチン状」であったのに対し、西方の市民社会は公的・私的な機関・組織による「一連の堅固な要塞と防塁」をなす。この市民社会を攻略し、ヘゲモニーを取ることが、労働者運動の任務となる。「権力に達する以前でも、ヘゲモニーを目指す活動はあり得るし、またなくてはならない」。グラムシの言うヘゲモニーは、いわば「陣地戦」によって政治権力を獲得する戦略であると同時に、その権力をプロレタリア勢力が——「独裁」と化すことなく——行使する方法を指す。「機動戦」たる革命的行為は、この戦略のうちに戦術的契機として包摂される。

エルネスト・ラクラウ、シャンタル・ムフは、ヘゲモニー概念を「ポスト・マルクス主義」的に錬磨して、革命的な局面と労働者階級の役割にかえて「ラディカル・デモクラシー」を提唱し、多様な政治的主体の連結を構想している。

弁証法

弁証法はマルクスにおいて、一方では経済学批判*の方法を、他方ではその対象を示す観念である。『資本論』のあとがきで、マルクスはまず、自分の「叙述方法」は「研究方法」と違って弁証法的であると強調する（「方法」の項参照）。マルクスはまた、自分の唯物論的弁証法をヘーゲルの観念論的弁証法と対置する。「ヘーゲルの手による弁証法の神秘化は、彼が第一に包括的、意識的にその運動の一般形態を明らかにしたことを些かも妨げるものではない。神秘的な外皮の中の合理的な核を見出すために、これをひっくり返さ（umstulpen）なければならない」。

他方で弁証法は、生産力の発展と生産の社会的関係とのあいだの矛盾*の力学（「生産様式」の項参照）、より一般的に言えば資本主義社会の軋轢や矛盾を意味する。『資本論』のあとがきで言及される弁証法はこの意味である。マルクスは次のように強調する。この歴史的力学の弁証法的な把握は「批判的、革命的」であり、それは弁証法が「現存しているものの肯定的な理解の中に、同時にそれを否定する理解をも含んでいるからである」。

マルクスは以上のような断片的な考察しか残さなかったが、マルクス主義各派は弁証法にこそ彼の思想の中核があると考えた。まずエンゲルスは唯物論的弁証法理論を提唱して、ヘーゲルのうちにいくつかの「弁証法的法則」（量から質への転化、対立物の相互浸透と逆転、否定の否定としての矛盾の展開）を求め、それらを物質の法則として解釈した。ジェルジ・ルカーチにとっては逆に、弁証法は社会的全体の科学を意味するものとして捉えられている。マルクス主義には全般的に、弁証法の観念を理論上の基本的な作用素として、弁証法的唯物論（マルクス主義哲学）と史的唯物論（マルクス主義科学）を区別する傾向がみられたと言えるであろう。

法

法の問題に対してマルクスは順次、政治的疎外批判*、イデオロギー批判*、商品の相互取引行為の条件分析の一環として取り組んだ（「商品」の項参照）。『ヘーゲル国法論の批判』（一八四三年）では、マルクスの政治批判はまだ、法の批判というよりも法哲学の観点に立つものであった。彼の闘争の対象は、私的権利〔Privatrechts〕への「国法〔Staatsrechts〕」の従属であり、また憲法の枠組みと権力の分離による人民主権への制限であった。「ユダヤ人問題によせて」（一八四四年）では、法の分析は政治的疎外批判の一環として再説されるようになる。そこではもはや近代の法制度は、私的所有に基づいた社会秩序の組織化と正当化の形態でしかない。マルクスが「人間と市民の諸権利の宣言」を批判するのも、それらの権利が実際には私的所有権に帰着することを示すためである。このような素描が示された後に、同様の主題が、『ドイツ・イデオロギー』

では、法のイデオロギー的機能を強調した形で再編成される。さらに『資本論』に至ってようやく、法に対して唯物論的なアプローチがとられ、法の機能がさらに明確に記述される。それは商品の相互取引行為を構成する媒体であり、特有の主体化の様式、搾取の隠蔽要因であり、階級闘争が展開される規範空間である。

以上のうちからマルクス主義がおもに受け継いだのは強力な反法律主義であるが、ロシア革命には法のマルクス主義的分析が展開される機会となる一面もあった。一九一八年から法務人民委員を務めたピョートル・ストゥチカは、社会主義法の機能と性質に関するさまざまな論考を著わした。エフゲニー・パシュカーニスは主著『法の一般理論とマルクス主義』(一九二四年)で、ストゥチカの経済中心主義的還元主義とハンス・ケルゼンの法実証主義をともに批判した。

方法

マルクスは方法の問題に、「経済学の方法」と「弁証法的方法」*を通して取り組んだ。『経済学批判要綱』(一八五七~五八年)の時期に、マルクスはその経済学批判の序論として、史的唯物論の原理と経済学の方法を提示することを構想していた。そのため「経済学の方法」に紙幅を割き、分析によって経験的な現象から抽象的な原理に遡るという方法は、経済学が発展する初期の段階ではたしかに必要であるが、科学的には不充分であると説いている。彼が経済学批判で採用する方法は、抽象的な原理から出発して、経験的な現象を「思考の具体物*」の形で再構築するという方法である（「抽象化」の項参照）。しかし、二年後に『経済学批判』（一八五九年）序言で、彼はこのような序論の構想を放棄すると宣言する。

同じ時期に、再読したヘーゲルの『論理学』に大いに感化されたマルクスは、弁証法的方法もまた経済学批判の重要な要素をなすと考えて、ヘーゲル弁証法の批判を執筆することまで企てていた（エンゲルスへの手紙、一八五八年一月十四日）。マルクスは『資本論』のあとがきで、「弁証法的方法」を採用すると明言する一方で、「弁証法」は自分にとっては「叙述様式」であり「研究方法」ではないと付言している。そこでいう弁証法的方法がいかなるものであるのかは、マルクスがはっきりさせずに終わった点の一つである。科学的なアプローチは結局のところ経験に先立って決められた方法論上の基準に従うようなものではないからであろう。

エンゲルスをはじめとする多くのマルクス主義者が、マルクスの弁証法的方法の性質を明確にしようと試みた。しかし逆に、ヘーゲルにおいて弁証法の観念は方法論の拒否と不即不離であったと考える者もいた。マルクスの思想は科学にして政治的構想であると考えるべきなのか、それとも単に歴史の分析方法であると考えるべきなのかという点も、マルクス主義に提起された問題である。

ボナパルティズム

一八五二年のマルクスの著作『ルイ・ボナパルトのブリュメール十八日』では、ナポレオン・ボナパルトの甥が行使した権力の不可思議な性質を説明すべく、ボナパルティズムの概念が用いられた。そこで対象とされた権力は、彼がクーデタを起こし、それを国民投票によって追認されて以降――かつ「ナポレオン三世」という仰々しい名前で戴冠される以前――に行使した権力である。それは強圧的な専断的権力の一形態であり、軍と官僚機構に依って立ち、市民社会から完全に自律化しつつあるように見える。「国家は完全に自立したように見える」。ボナパルティズムの頭領は、社会階級*の上に立つ裁定者を自任するが、結局のところは――デマゴギーによって農民層と一部の都市大衆層の支持を取り付けながら――ブルジョワ秩序の維持に奉仕する。みずから支配権を行使する力のないブルジョワジー*から政治権力を委任され、結局のところはブルジョワジーの根本的利益を擁護するのである。

マルクス＝エンゲルスの後年の著作では、ボナパルティズムの概念は、ドイツのビスマルクのような他の歴史的人物にも拡張された。アントニオ・グラムシは一九二六年から三七年に執筆した『獄中ノート』で、この種の「裁定権力」に関してカエサル主義という類似の用語を用いつつ、その相対的に「進歩的」な形態（ナポレオン一世）と「退歩的」な形態（ナポレオン三世）を区別した。一九三〇年代にはトロツキー（「トロツキズム」の項参照）が、ボナパルティズムあるいは半ボナパルティズムという表現により、ある種のラテンアメリカのポピュリスト体制、たとえばメキシコの体制の説明を試みた。マルクスの言う「ボナパルティズム」について、政治学者のニコス・プーランザスは、支配階級に対するブルジョワ国家*の自律性という、より一般的な現象の変種として括っている。

民族

商業の自由と世界市場の発展が「諸民族の分離状態」をなくすことになるだろうと、一八四八年の『共産党宣言』の信念はあまりに楽観的だ。一八四八年から五〇年にエンゲルスは、ある種の国家なき民族――たとえば南スラヴ族――に関して、「歴史なき民族」というヘーゲル的な危うい呼称を用いていた。後にマルクス＝エンゲルスが、帝政ロシアの支配に対するポーランド人の独立闘争を支持し、さらにはイギリス支配に対するアイルランド人の闘争から「他の民族を抑圧する民族は自由ではあり得ない」という重要な教訓を引き出したのは事実である。だが民族問題に関する理論的で戦略的な考察は、マルクス＝エンゲルスのうちには見当たらない。

民族問題に関する包括的な研究をマルクス主義的見地から最初に試みたのは、オーストリア・マルクス主義者のオットー・バウアーが一九〇七年に著わした『民族問題と社会民主主義』である。そこでは民族は「運命共同体によって性格共同体にまで結び付けられた人間の総体」として定義され、歴史的に揺れ動くものであることが強調された。バウアーは、オーストリア＝ハンガリー帝国のような多民族国家の場合に、単一国家の枠組みを維持したうえで民族問題を解決する方法として、文化的民族自治を提唱するようになる。帝政ロシアのユダヤ人労働者運動「ブンド」が採った路線はその一種である。

スターリンは一九一三年の小冊子『マルクス主義と民族問題』で、民族――分離の権利を認めなければならない民族――は「言語・地域・経済生活・心理状態の共同体」を備えた民だけであると論じた。レーニンは逆に、民族問題について一三年から一六年に書いた一連の評論で、杓子定規の硬直的な定義を避けた。レーニンは――民族自治を支持するローザ・ルクセンブルクと論争して――民族には自決する権利、したがって分離国家を有する権利があると主張して、離婚する権利がなければ本当の意味での自由な結婚とは言えないと述べている。

矛盾

矛盾の位置付けについてのマルクス主義の議論は、三つの主題から展開された。矛盾理論としての弁証法、資本主義的生産様式*の矛盾、階級の敵対である。みずからの矛盾の止揚を出発点として知の真理を演繹する、というヘーゲルの弁証法の定義に対して、マルクスは矛盾が還元不可能なものであり、知の矛盾と現実の矛盾とを区別する必要があると主張した（『哲学の貧困』一八四七年）。マルクスにおいて、矛盾という概念がとくに重んじられているのは、あとの二つの分析に関してである。一つは資本主義の構造的矛盾の研究とそれが生み出す力学作用の理論（たとえば利潤率の傾向的低下の法則を参照）、もう一つは階級闘争*の研究である（「軋轢」、「衝突」、「敵対」などの語が用いられることもある）。

マルクス主義の矛盾理論の主要な結実の一つは、『矛盾論』（一九三七年）と題された毛沢東の試論に求められる。そこでは、主要な矛盾と二次的な矛盾、非敵対的な矛盾と敵対的な矛盾が区別される。最初の区別（主要な矛盾と二次的な矛盾）は、ルイ・アルチュセールによって「重層的に決定された矛盾」という概念を通して再説される（「重層的決定」の項参照）。二番目の区別では、構造的矛盾が爆発的革命的な敵対の形態をとる可能性があるのは、いかなる条件のもとであるのかという問題が提起される。

毛沢東主義

中国革命の最大の指導者、毛沢東（一八九三〜一九七六年）の名に由来する。一九二一年に中国共産党の創設に加わり、中国の農民の革命的潜在力を早くから理解した一人である。二七年からは蔣介石率いる国民党体制と闘争し、三七年から四五年には日本帝国主義に対する解放戦争を行なった。四九年に人民解放軍は権力を掌握するに至り、毛は中華人民共和国を宣言する。そこで範としたのはソ連の政治モデル（ただし粛清を進めたスターリンの恐怖政治を除いたもの）、つまり生産手段の国有化、一党制、強圧的な党指導部である。五六年にスターリン主義を非難するフルシチョフ報告が出ると、毛とソ連との不和が表面化するようになる。毛は若干の留保を付けつつも、スターリンの遺産を擁護する立場を採った。国際的な共産主義運動の中で、毛沢東主義が独自の流派となるのはこの頃からだ。五八年から五九年の「大躍進」が失敗に終わると、毛は党内で難しい立場に置かれ、六六年から六九年の文化大革命に乗り出した。抜本的なイデオロギー変革を大義名分として、労働者と「紅衛兵」の青年が「右派分子」の攻撃に動き、多くの犠牲者を出す結果となる。それでも、死後に毛のイメージが失墜することはなかった。ただし支持者は政権から一掃された。やがて鄧小平が主導する経済改革プロセスが開始され、中国は資本主義部門の再興を見ることになる。

毛沢東主義を掲げる勢力は政治的に一様ではない。ヨーロッパにおける毛沢東主義には、「マルクス＝レーニン主義」を奉ずる勢力と、「革命の自然発生性」を重視する勢力がある。後者は六〇年代の終わり頃にフランスとイタリアで影響力をもったが、七〇年代に廃れていった。南側諸国（アジア、アフリカ、ラテンアメリカ）の毛派には、農民ゲリラ運動の指導に乗り出すものが多い。

野蛮

マルクスとエンゲルスは『共産党宣言』(一八四八年)では「野蛮な民族」と「文明的な民族」を対置しているが、より適切なアプローチがみられる著作もある。マルクスは、資本主義の最も陰惨ないくつかの側面が貧乏な人たちに対して作用する法則として表出していると考えて、一八四七年に書いている。「野蛮は再び現われる。しかし今度は、野蛮は文明のただ中に生み出され、文明を構成する要素となる。」

『資本論』の本源的蓄積*に関する章では、西欧の植民者が実践したことが「野蛮」と言い表わされている。マルクスはキリスト教徒作家、ウィリアム・ハウィット師の言を引用する。それによれば、「いわゆるキリスト教徒の人種によって犯された野蛮行為と忌まわしい残虐行為は(……)世界史のいかなる時代にも、いかに粗野で蒙昧で無慈悲な人種にも類例がない。」マルクスがここで指摘したのは、資本主義的文明に固有なある種の現代の野蛮である。

ローザ・ルクセンブルクが『社会民主主義の危機』（一九一五年）で、「社会主義か野蛮か」という有名なスローガンを発した時に考えたのは、この現代の野蛮である。世界大戦は彼女の目には、高度資本主義社会の破壊的で非人間的な潜在力が具現化した野蛮の強烈な例証であった。「社会主義か野蛮か」のスローガン——彼女が示唆しているようにマルクスやエンゲルスに由来するものではなく、この小冊子の中に初めて登場した——によって、ローザ・ルクセンブルクは資本主義の矛盾の避けられない帰結として社会主義に至るという伝統的な決定論と一線を画した。社会主義は今や、歴史的な可能性の一つに過ぎない。枝分かれした道の一方には社会主義、他方には野蛮がある。

これを受けて、フランスの反主流派マルクス主義の潮流は、コルネリウス・カストリアディスやクロード・ルフォールを中心に、一九五〇年代に「社会主義か野蛮か」という表現で自己規定することになる。

唯物論

マルクスの提唱するの唯物論の意味は、現実に対する観念の優位と解された観念論との一連の論争を通して確立されていく。第一に、行動に関する観念論者の分析に対する批判*（実践的唯物論）、第二に、観念論的歴史観*に対する批判（史的唯物論*）、第三に、弁証法*についての観念論的な捉え方に対する批判（唯物論的弁証法）である。

『フォイエルバッハに関するテーゼ』（一八四五年）の中でマルクスは、彼独自の哲学*を「新しい」唯物論として提示する。観念論においては、行動は主体的活動であるとされる。逆にマルクスは唯物論に立脚することで、実践に当たっての「情勢」、すなわち自然的社会的な条件のほうに決定的な役割があると述べる。人間の活動は、まさにそこから独立した物質的条件に制約されている。とはいえ、それらの条件は人間の活動によって変更しうる。そのような人間の活動が、マルクスの言う実践*（プラクシス）である。新しい唯物論は『ドイツ・イデオロギー』（一八四六年）の中で「実践的唯物論」と名付けられる。

この著作では「唯物史観」が展開されている。それが意味する唯物論もやはり観念論に対する批判、具体的には観念論的歴史観に対する批判を通して確立されている。この唯物史観は本質的に論争的な性質を帯びており、一つの学説というよりも一つの構想、つまり歴史研究を経済的基盤に関連付け、歴史を単なる抽象的原理の展開として見ることをやめる、という構想である。しかしながら、その構想はむろん、一つの唯物論的な歴史科学の構想となる。それはマルクス主義においてまさに「史的唯物論」と命名されることになる。

『資本論』あとがきで示される唯物論的弁証法も同様に、批判の作業を意味する観念である。「私の弁証法的方法はヘーゲルの弁証法的方法と異なるだけではなく、その直接的な反対物である（……）。ヘーゲルでは、弁証法的方法は頭で立っている。弁証法的方法をひっくり返し、神秘的な外皮の中の合理的な核を見出さなければならない」。「弁証法的唯物論」の場合もまた、批判を学説へと転化する形で確立されている。

マルクス主義哲学者は以後、マルクスの唯物論の性質を明確にし、次のいずれかの立場を明らかにするという目標を追い続けることになる。唯物論は物質の法則に基礎を置くべきなのか（エンゲルス、プレハーノフ、レーニン）、それとも反対に、行動と諸々の表象の社会歴史的条件付けだけを考慮すべきなのか（アントニオ・ラブリオーラ、ジェルジ・ルカーチ、アントニオ・グラムシ）？　マルクスの唯物論を科学と哲学の原理として捉えるべきなのか（ルイ・アルチュセール）、それとも単に、イデオロギーやそれがふりまく幻想を批判する原理として捉えるべきなのか（テオドール・W・アドルノ）？

ユートピア

この語は、トマス・モアの著書『ユートピア』（一五〇〇年）――ギリシア語の「どこにも無い場所」を表わす οὐ τόπος ――に由来する。想像上の島を描いた作品で、そこでは人びとが調和のとれた社会で生活している。日常的な言葉では、ユートピアは理想的社会を目指すあらゆる想像上の企てを意味する。

『共産党宣言』（一八四八年）の章の一つは「批判的空想《ユートピア》的な社会主義者と共産主義者」に捧げられている――サン・シモン、ロバート・オーエン、シャルル・フーリエ――。マルクスとエンゲルスが非難するのは彼らの「未来の社会に関する積極的な命題」――すなわち彼らのユートピア――ではなく、彼らが「プロレタリアート*に関して、いかなる歴史的な自発性（Selbstätigkeit）も、いかなる独自の政治的運動も認めない」点である。

フリードリヒ・エンゲルスは、小冊子『空想的社会主義から科学的社会主義へ』（一八八〇年）の中でこの問題に立ち戻る。この書物は『反デューリング論』（一八七八年）の三つの章の拡大版である。エンゲルスの議論は『共産党宣言』の議論とはかなり異なっている。彼はユートピアの発展を、この時期のプロレタリアートが「まだまったく独立した政治的行動がとれない」状態にあった点に帰している。エンゲルスは三人の主要な空想家について「天才的な視野の広さ」と「偉大さ」を強く賞賛しつつも、「のちの社会主義者の思想で、厳密に経済学的ではないもののほとんどすべて」を彼らに見出している。そして彼はマルクスによって「科学的に」必要性が証明された社会主義を三人に対置する。

最初は青年期の著作『ユートピアの精神』（一九一八年）で、のちに大著『希望の原理』（一九四九～五四年）でユートピア概念を再評価した初めてのマルクス主義者がエルンスト・ブロッホである。ブロッホにとっては聖書の預言者から現代の社会主義に至るまで、共産主義のユートピアは存在する。マルクス主義は具体的なユートピア以外の何物でもないのである。

マルクスは欲求に根本的な哲学的重要性を与えると同時に、それが歴史的に変わりうることを強調した。マルクスは、人間を諸々の欲求と力の総体として分析する。

初期においては、人間の本性（自然）はまさに諸々の欲求と本質的な力の総体であるとされた。本質的な欲求とは「本質的な力を活性化し確認するために欠くことのできない本質的な対象」（『経済学・哲学草稿』）に向けられるものである。マルクスはその一方で、欲求が歴史的に条件付けられていることを分析し、資本主義的生産様式*によって生み出される欲求を批判した（『経済学・哲学草稿』でいう「貨幣に対する欲求」や「利己的な欲求」のように）。『資本論』の中でも同様に、「いわゆる必要な欲求」でさえ、ある意味で「歴史的な所産」であることを強調している。

この二つの異なる方向へと、マルクス主義は進むことになる。一方には、本質的な欲求と人工的な欲求との相違を哲学的に擁護する論者（アグネス・ヘラー）がおり、他方には、欲求が社会的に構築され、それが支配への同意に荷担していることを社会学的に分析する論者（ヘルベルト・マルクーゼ）がいる。この二つの道は必ずしも両立しないわけではない。万人の欲求を充足させるような社会秩序という、マルクスが『ゴータ綱領批判』（一八七五年）で示した共産主義*の定義を踏襲しようとする姿勢は、ヘラーにもマルクーゼにもみられるからである。

利子と貸付資本

利子に関する『資本論』の検討は、資本を企業に供与するが能動的に関与はしない資本保有者に対し、企業から支払われる利子が中心となっている。公的な借入に関して国家が支払う利子も、擬制資本*および「高利貸し」に関する部分で検討されているが、本項では企業が支払う利子だけを取り上げる。

二つの範疇の資本家が登場する。第一は、能動的資本家である。資本を投入するとともに、マルクスの用語では「資本家的機能」、こんにちでは「経営」と呼ばれる業務をこなす。この資本家的業務には、建屋・原料・機械・労働力といった生産手段の購入、商品の販売、生産の組織化だけでなく、会計なども含まれる。第二のタイプの資本家は、能動的資本家に供与するという形でしか、資本の投入を行なわない。マルクスの用語法は一貫しておらず、第二の資本家は「貨幣資本家」または「貸し手」と呼ばれる。その資金供与の主要な様態はまさに貸付であるわけだが、保有株式についてもマルクスは「貸付資本」に数えている。貸付に対しては利子が、株式保有に対しては配当が、能動的資本家から貨幣資本家に支払われる。それらを支払った後に残る利潤*が企業者利得、すなわち企業者たる能動的資本家の利得となる。

利子も、配当も、企業者利得も、剰余価値*の一片である。マルクスによれば、利子率の値は何らかの「法則」によって決定されるわけではなく、能動的資本家と貸し手のあいだの「分配」いかんである。ただしマルクスは別の箇所で、産業循環の局面に応じた利子率の変動を論じている。したがって、法則が存在しないというのは、そのような変動を超えた平均水準についてのことである。

『資本論』第三巻では、株式会社について、未完ながら綿密な分析が展開されている。貨幣資本家が「所有としての資本」を代理するのに対し、能動的資本家は同様に資本の投入に加わりながらも「機能としての資本」を代理する。業務をこなすことで自分を労働者と見なすようになった能動的資本家は、時には賃金を取りさえする。そうした業務が能動的資本家のかわりに、いかなる意味でも資本所有者ではない雇われ役員に任される場合、経営業務に対する賃金の支払いはなおさら当然視されるようになる。マルクスはここで、貨幣資本家が資本を投入し、賃金労働者が経営業務を遂行するという非常に高度な機構編制に肉迫している。

利潤

商品*の販売価格と生産や販売にかかった経費＝費用との差をいう。価格が価値の諸形態*であるのと同様に、利潤はさまざまな企業が実現した剰余価値*の諸形態である。マルクスが用いる表式体系では、生産費用に対する利潤の比率が利潤率である。実現された剰余価値は、剰余価値率（m/v）の場合には可変資本だけと比較されるのに対し、利潤率の場合には不変資本と可変資本（「商品」の項参照）を合計した総資本と比較される。剰余価値をm、不変資本をc、可変資本をvとすると、利潤率rは、

$$r=\frac{m}{c+v}.$$

となる。

利潤率の定義に当たっては、資本フローと利潤フローだけが考慮されている。この分析の枠組みは、ほとんどの場合にマルクスが簡略化のために用いるものと同じである。『資本論』第二巻では、ある瞬間における資本の諸形態の並存（「資本の流通」の項参照）、つまり総資本（ストック）の概念が導入される。ここでは利潤率は、資本ストックの平均価値に対する一定期間内の利潤フローの比率となる。

利潤率はマルクスの目には、資本主義的生産の力学の中心変数として捉えられていた。簡単に言えば次のようなことだ。資本収益は利潤率を尺度として測られる。この資本収益が安泰で、（急激な変動により、あるいは傾向的に）低落することがなければ、万事は順調である（「傾向」の項および「恐慌」の項参照）。逆に、資本収益が不安定になれば、不調ということになる。この力学は、労働者の運命とはまったく無関係に進行する。

『資本論』第三巻では、利子*が導入される。利子は債権者に支払われる企業者利得の一片である。それゆえ利子を差し引いた利潤が企業者利得として定義される。

領有

マルクスにおいて、領有の概念は、初期には疎外*の哲学と連動している。そこでの領有は止揚を意味する。しかし『資本論』では、領有は収奪者からの収奪を意味することになる。

「疎外」の項で説明しているように、『経済学・哲学草稿』（一八四四年）で定式化された疎外の概念は、人的活動と客体的条件との一定の関係における自己の剥奪を意味する。マルクスは、人間は外部世界において自己の根本的な利益を充足させるのでなければ本質的な力を伸ばすことができないと考える。したがって、人間はつねに外部世界の領有活動に、とくに労働*を通して関与している。逆に、外部世界が人間にとって自己の本性（自然*）の一種の自然な延長と見えなくなれば、人間はその本性を剥奪されていることになる。

それゆえ自己の本性を再領有し、その本質的な側面が発展できるようなすべての条件を再領有するという構想が、疎外批判と対をなす形で現われる。『経済学・哲学草稿』における共産主義*の定義は、まさに疎外の総体の止揚であり、「類的存在*」と自己の客体的条件の再領有である。マルクスは、共産主義には私的所有の否定が必要であると示すことに全力を傾ける。それは、富のより公正な分配を保証するためだけではない。私的所有が疎外のさまざまな形態の根源にあるからである。共産主義の構想は、人間の実存の全面的な集団的再領有の構想として提示される。

マルクスの成熟期（一八四五年以降）には、共産主義はもはや疎外／再領有では定義されない。しかし領有の概念が決定的な機能を果たしている点は変わらない。『資本論』〔一巻〕の最終章が描く資本主義的生産の歴史的傾向は、つねにより多くの個人からの個人的所有の収奪の運動である。その結果、生産手段と交換手段を集団的に再領有するためには、もはや収奪者から収奪することしか残らない。富の再領有だけにとどまらず、集団的生活の制度とさまざまな様態を再領有すること、それはこんにちでもマルクス主義だけにとどまらないスローガンであり続けている。

類的存在

マルクスが初期の著作で使用した（種としての人類という意味での）「類」という概念は、もともとは青年ヘーゲル派による宗教批判で用いられていた。ダーフィット・シュトラウス*は「個」を「類」と対置して、キリストのうちにあるとされる美質は人類全体にのみ合致するものであると主張していた。ルートヴィヒ・フォイエルバッハにおいては、類の概念のもとに、人間の本質は人間に自覚された無限の本質であると定義された。それは理性、意志、心情という個人を超えた三つの無限の力――人間が図らずも人間自身より神にあると考えがちな力――である。

『経済学・哲学草稿』（一八四四年）の中でマルクスが定義する類的存在もまた、「類的諸力」の総体であり、「対自的な存在」（すなわち「これらの力の意識」）であるが、類を規定するのは理性、意志、愛という三つの精神能力よりもむしろ、社会的諸力の総体である。人間は労働および自然との相互作用の歴史的な過程の中で、それらの社会的諸力を「活性化」しなければならない。しかし、この過程は、社会的諸力の疎外*と再領有の過程でもある。

『フォイエルバッハに関するテーゼ』（一八四五年）のマルクスはすでに、歴史が生産と人間変革に関して果たす役割は、それが人間性の自覚に関して果たす役割と同様に、類の概念の本質主義的な意味とは相容れないことをに気付いている。フォイエルバッハに対して、「歴史の流れを捨象」しており、「したがって本質は、自然的に多数の個人を結び付ける『類』として、無言の一般性として把握されうるに過ぎない」と、第六のテーゼで述べている。類の概念は、『ドイツ・イデオロギー』（一八四六年）で放棄されることになる。

歴史

マルクスとエンゲルスが練り上げた唯物論*的世界観の特色は、歴史が中核的な役割を演じていることにある。『ドイツ・イデオロギー』（一八四六年）の有名な定式はそこに由来する。「私たちは唯一の科学、歴史学しか知らない。」この歴史の科学は、歴史の中での大衆の役割とともに経済的要因を強調することが特色となる。観念論的歴史哲学に対して、マルクスとエンゲルスは『聖家族』（一八四五年）で、歴史をつくるのは一つの精神ではなく具体的な人間であり、主体として歴史的に動くのは個人ではなく大衆であり、大衆は革命的事件の際に歴史の中で強力な動きをすると力説する。『ドイツ・イデオロギー』で「歴史の推進力となる力は批判*ではなく革命である」と述べたのも同じ意味である。

マルクスは二つの相補的な視点から歴史の分析を展開する。『経済学批判』（一八五九年）の序言では、歴史は生産力と生産の社会的関係の弁証法*によって説明される、と主張する（「生産様式」の項参照）。その一方で、『共産党宣言』（一八四八年）や歴史に関する著作では、階級闘争*の役割を前面に置く。「こんにちまでのすべての歴史は階級闘争の歴史である」。

この二つの視点がマルクス主義においては、互いに対立するものとなっていった。第二インターナショナル（「国際主義」の項参照）では経済中心主義のもと、階級闘争の役割が相対化された。アントニオ・グラムシは逆に、一九一七年の論文「『資本論』に反対する革命」で、ロシア革命は経済的要因の過大評価に対する反駁をなし、したがってマルクスが『資本論』で示したいくつかのテーゼに対する反駁をなす、と主張した。

マルクス主義の諸分派は、唯物史観がマルクスの理論と政治の基礎にあるという点では一致するが、次の問いについてはまだ答えが出ていない。史的唯物論は、特殊歴史的な情況に関する労働者運動の自己省察（アントニオ・ラブリオーラ）と解釈するべきなのか？ それとも「歴史の科学」、さらには「歴史の大陸」の発見（ルイ・アルチュセール）と解釈するべきなのか？

レーニン主義

この語が用いられるようになったのは、一九二四年にレーニンが死去した後のことだ。レーニンは、前衛党*の理論を立て、帝国主義*を資本主義の最高段階として分析した。民族自決権*について書き記し、革命*やソヴィエト権力（「労働評議会」の項参照）、プロレタリア独裁*に関する考察を展開した。それらはマルクス主義の特異な変種であり、一九〇五年以降の戦争と革命の時期に即したものだと言えるだろう。

一九二四年四月から五月に、ヨシフ・スターリンはスヴェルドロフ大学で連続講演を行ない、その内容を『レーニン主義の基礎』として刊行した。彼の定義するところ、「レーニン主義は、一般的にはプロレタリア革命の理論と戦術であり、特殊的にはプロレタリアートの独裁の理論と戦術である(1)」。スターリンの小冊子は、ボルシェヴィキ指導者の主張の一部を単純化して、教条的にまとめ上げたものである。変化を続けたレーニンの哲学・政治思想が、そこでは「マルクス＝レーニン主義」として、硬直した教義体系に仕立てられている。スターリンは以後も「レーニン主義の諸問題」に立ち戻る度に、強権的な歪曲を加え続けた。

（1）『スターリン全集第六巻』、スターリン全集刊行会訳、大月書店、一九五二年〔訳注〕。

トロツキーの一派も同じくレーニン主義を標榜し、二〇年代から三〇年代初期に「ボルシェヴィキ＝レーニン主義」を名乗るようになる。共産主義者はスターリン主義とトロツキズムの二つに分かれ、「一国社会主義」か「永久革命」かをめぐって論争を繰り広げた。それはレーニンの遺産争いの様相を帯びた。

六〇年代以降、フルシチョフ率いるソ連指導部との論争の際に、毛沢東もレーニンを引き合いに出した。そのため世界各地の毛派勢力は「マルクス＝レーニン主義」を自称している（「毛沢東主義」の項参照）。

労働

マルクスの価値理論（「商品」の項および「労働過程」の項参照）では、価値は商品の生産に必要な労働時間として定義される。ただし、価値を創出するのは、労働の中でも特殊な範疇のものだけである。「生産的労働」と呼ばれるが、そこでいう生産は、かなり狭い意味に限定される。市場に出される財である商品の生産（あるいは同じく販売対象であるサービスの給付）である。個人が自分用あるいは自家用に物品やサービスを生産するのは、いかに有用であろうと、生産的労働ではない。同様に、家内労働も生産的労働ではない。これらの労働は労働力の価値（労働力の価格、すなわち賃金*）の減少、したがって剰余価値率*の上昇に寄与するが、それ自体で価値を創出するわけではない。これらの労働の有用性は、市場での認定を目的としたものではないからである。

商品の価値は、特殊個別的な生産条件ではなく、市場によって承認された社会的標準に由来する。社会的標準は、具体的労働の特殊個別的な性質を考慮せずに定まる。耕作なのか金物の鋳造なのかは関係がない。社会的標準の目的は、さまざまな労働の等価性を規定することにあるからだ。マルクスの言う「抽象的労働」、あるいは「社会的に必要」な労働である。労働者の熟練度や、さまざまな企業の技術的・組織的な事業能力は、特定の具体的労働の内部においてさえ考慮されず、平均的条件のみが考慮されるという意味だ。価値を決定するのは、この平均的条件である。労働者がもし平均以上に効率的に働くならば、より多くの価値が創出される（逆もまたしかりである）。個別の具体的労働には、どの程度の熟達が必要か（石工の仕事よりも時計工の仕事のほうが難しい）、きついほうか楽なほうかといった固有の性質があるから、同じ労働時間で創出される価値量がそれぞれ異なる可能性がある。マルクスの言う「複雑」労働と「単純」労働の違いであり、複雑労働のほうが高い価値を創出する。

社会的に標準が定まるのは、そうした標準が（商品なら）価格、（労働力商品なら）賃金の形で認定されるという観念があるからだ。価値創出能力を市場で認定されなかった労働は、他の労働に比して顧みられないようになり、流動性が発生する。それは実践的には、資本家が別種の生産へ向かい、賃金労働者が別種の職へ向かう二重の動きとして現われる。

家内労働を捨象して、企業だけを考えてみても、資本主義的生産の基本的な実践に含まれながらも、マルクスが「不生産的」と明示的に規定する労働が存在する。こんにちの用語で言えば広義の「経営」に関わる労働である。マルクスがしばしば行なう説明によれば、資本家が担う業務であり、資本家が特殊な範疇の資本家あるいは賃金労働者に委任する場合もあるが、いずれにしても不生産的であることに変わりはない。それは一連の経費となる。第一に、マルクスが「流通経費」と呼ぶものがある。価値の形態転換（「資本」の項、「資本の流通」の項および「形態」の項参照）に関与する商事的業務のすべてに加え、会計業務も含まれる。第二は生産経費であり、監督の必要などによって発生する。オーケストラの指揮者のような「調整」業務については、マルクスは資本家が担う場合を意識して生産的労働に含めており、そうした業務に賃金労働者が起用される場合でも生産的労働か否かという点は変わらないと主張している。

労働過程

『資本論』の中で、マルクスは「労働過程」を「人間と自然のあいだの過程であり、その過程において人間は自己の行動を媒介として」、つまり自己の労働と生産手段の力を使用して、「自然との物質代謝を調整し、制御する」と定義する。マルクスは「労働過程」と「価値増殖過程」を区別する。後者が意味するものは、労働手段による対象物の加工としての生産活動ではなく、価値と剰余価値を生み出す生産活動である（「商品」の項および「剰余価値」の項参照）。

人間の自然との物質代謝（または有機的交換）としての労働という観念は、『経済学・哲学草稿』（一八四四年）に発している。そこでマルクスが示した自然*は、「人間の非有機的な身体」である。労働が従来、人工物の起源、自然との決別と解されてきたのに対して、マルクスは自然との連続性を強調する。労働は自然の活動であり、人間の本性（自然）と外的自然を変化させ、「そこで眠っている潜在能力」（『資本論』）を発展させる。

マルクスは他方では労働批判*の著者でもある。『経済学・哲学草稿』では、労働と「疎外された活動」をしばしば同一視する。『ドイツ・イデオロギー』（一八四六年）では、共産主義は「労働を廃止」すべきであると主張する。経済学批判の著作の場合は、労働廃止の構想と「解放された労働」への労働の変革の構想のあいだで揺れ動く。

マルクス主義においては、二つの異なる傾向が対立することになる。第一の傾向は、（『ゴータ綱領批判』（一八七五年）でマルクスが、労働はすべての富の源であるとするテーゼを告発したにもかかわらず）労働の過大評価に寄っていった。第二の傾向は、労働批判と労働廃止の構想を踏襲した。

価値理論との関係における労働（抽象的、必要、生産的労働など）については、「労働」の項で定義する。

労働者評議会

直接選挙により選ばれた代表からなる労働者評議会（ソヴィエト）は、ロシア一九〇五年革命の際に、闘争中の工場で自己組織化の一形態として自然発生的に出現した。一七年に二月革命〔グレゴリォ歴では三月革命〕が起きると、労働者・兵士評議会が各地で結成され、同年四月にレーニンが「すべての権力をソヴィエトに」というスローガンを掲げた。この年の彼の著書『国家と革命』は、評議会の権力を民主制の高度な形態として、ブルジョワ民主制に対置している。十月革命〔十一月革命〕では、労働者・農民・兵士ソヴィエト全国大会に実権をもたせることが目標となった。だが、一九一八年にローザ・ルクセンブルクが指摘したように、ソヴィエトの役割は早々に、党*の権力によって著しく縮小されてしまった。

一九一八年から一九年のドイツでも、ロシアに倣って各地で労働者・兵士評議会〔レーテ〕が結成されたが、評議会を支持した共産主義勢力は、一九年一月に粉砕された。労働者評議会共和国が実権を握るという状況は、バイエルンで一九年の数週間、ハンガリーで一九年から二〇年の数か月にわたって出現した。オーストリアやイタリアでも労働者評議会の登場を見た。オーストリアでは、マルクス主義者のマックス・アードラーが、評議会権力と議会の共存を主張し、イタリアでは、アントニオ・グラムシが一九年創刊の機関紙『オルディネ・ヌオーヴォ』を通じて、評議会の発展を推進しようとした。

オランダのヘルマン・ホルターやアントン・パンネクックなどの評議会主義者は、レーニンおよびボルシェヴィキを批判した。彼らは評議会の民主的な権力こそ労働者の自己組織化であるとして、これを党*の中央集権的で強圧的な権力に対置した。

一九五六年のハンガリー革命、六八年のプラハの春でも、労働者評議会が登場した。しかし、労働者の自己組織化のこの二つの実例は、いずれもソ連軍の戦車に押しつぶされることになる。

ロビンソン物語

マルクスは一八五七年から五八年の『経済学批判要綱』の序説で、経済学の法則を導き出すための出発点として、一種の自然状態（ロビンソンの島）のうちに孤立した個人の行動を考えるような経済学者たちを一笑に付す。それに比べてルソーなどの場合は、自然状態*という発想に批判*的機能があるという。「ばらばらに点在する猟師や漁師なるスミスとリカードの出発点は、十八世紀ロビンソン物語という貧しい空想の一つである。ロビンソン物語が表現しているのは、過度の洗練に対する反発や、誤解の産物である自然状態への回帰だけだと文明史家は思い込んでいるが、そこに尽きる話ではないのである」。

「ロビンソン物語」という語が有名になったのは、そこに二重の批判がこめられているからだ。一方では、古典派経済学の基にある行動理論が槍玉に挙げられる。個人*は相互に孤立した合理的アクターではない。つねに社会的な連関のうちに置かれ、社会的諸関係によって条件付けられた存在である。また他方では、資本主義の法則は自然に適った永遠のものだとするイデオロギー的な論法が、「ロビンソン物語」によって化けの皮を剥がされる。マルクスは一八四七年の『哲学の貧困』に次のように記している。「経済学者たちは一風変わった手法を取る。彼らには二種類の制度、人為的な制度と自然な制度しか存在せず、封建制度は人為的な制度であり、ブルジョワ制度は自然な制度である（……）。そういうわけで、歴史*というものがかつては存在したが、今ではもはや存在しない」。

訳者あとがき

世界史規模の影響力を及ぼしたカール・マルクス（およびフリードリヒ・エンゲルス）の思想とその後の展開が、本書の言うマルクス主義である。しかも三人の著者は、なにか正統的あるいは客観的な説明を提供するものではないとあらかじめ断って、マルクス主義の多元性をことさら強調している。一九四八年に出版されたアンリ・ルフェーヴルの『マルクス主義』（文庫クセジュ二五番）が、一つの世界観の解説というスタンスをとっていたのとは異なるところである。

原著は二〇〇九年に初版が刊行されたGérald Duménil, Michel Löwy, Emmanuel Renault, *Les 100 mots du marxisme*, PUF. であり、タイトルにはこの訳書と同じく「一〇〇語」が入っているが、平易なハンドブック的な本ではない。ひいては一般的な用語集の類ですらないかもしれない。なぜなら取り扱っているのが一貫して概念であることにもまた、著者たちは序文で注意を喚起しているからだ。偶然の符合ではあろうけれども、配列がアルファベット順の原著で筆頭に来るのは「抽象化」である（最後は「ユートピア」である）。

同じ二〇〇九年に『マルクスを読む』という著作も共同で執筆した三人のうち、ジェラール・デュメニル氏は経済学者で、二〇〇七年まで国立学術研究センター（ＣＮＲＳ）で研究主任を務めた。邦訳書としてドミニック・レヴィ氏との共著『マルクス経済学と現代資本主義』（竹永進訳、こぶし書房、二〇〇六年）がある。この両名はウェブページ（http://www.jourdan.ens.fr/levy/）に著作をリストアップしており、最新刊は『大分岐』と題されている（英語で言えばThe Great Bifurcationとなる論争的なタイトルである）。

ミシェル・レヴィ氏は社会学者・哲学者で、博士号を『若きマルクスの革命理論』（山内昶訳、福村出版、一九七四年）で、国家博士号をルカーチ研究で取得した。ＣＮＲＳの名誉研究主任であるとともに、現在は社会科学高等研究院（ＥＨＥＳＳ）の宗教研究所（ＣＥＩＦＲ）に在籍している。邦訳書として右記の論文のほか、『世界変革の政治哲学』（山本博史訳、つげ書房新社、一九九九年）がある。

デュメニル、レヴィ両氏より一世代若い一九六七年生まれのエマニュエル・ルノー氏は、ヘーゲル研究で博士号を取得した哲学者で、リヨン高等師範学校文学・社会科学科およびパリ第一〇大学（ナンテール校）哲学科に所属している。また、二氏も編集委員を務め、「国際マルクス会議」の主催も手がける学際誌『アクチュエル・マルクス』（http://actuelmarx.u-paris10.fr/）の現責任者でもある。

この三人がそれぞれおもに執筆した項目は、経済、政治、哲学に大別されている。経済分野に関しては、世界的な争点となっている格差と再分配の水準をいわば突き抜けた資本主義の原理が、諸々の項目で追究されていることは言うまでもないが、株式会社と金融制度の発達、それに伴う非オーナー経営者・

ホワイトカラー層の出現といった現代的ファクターを加味した「アップデート」の試みを含んでいることが特徴的である。

政治分野に関しては、「階級闘争」や「共産主義」といった定番的な項目のほか、「自由」、「ボナパルティズム」あるいは「法」が項目として主題化されているという、示唆に富んだ意外性がある。また、二十一世紀初頭現在の左派運動についての記述が、さまざまな項目の随所に散見される。

哲学分野に関しては、マルクスの思想（の変遷）、次いでその後の（論争を含めた）展開という順序で、濃厚な内容がきわめて手短に要約されている項目が多い。扱われている概念も「疎外」から「唯物論」まで多岐に及ぶが、一つの大きな特徴として、マルクス主義の「人間主義＝ヒューマニズム」的な側面が強調されていると言い得るであろう。

各項で引用あるいは参照されている文献のうち、マルクスとエンゲルスおよび以降の著作に関しては、一覧的な案内は割愛するが、James O'Connor, Natural Causes : *Essays in Ecological Marxism*, Guilford Press, 1998 以外すべて邦訳がある。直接の引用箇所に関しては、訳者の及ぶ限りで邦訳書およびドイツ語原文を参照した。

原著のイタリック箇所には原則として傍点を付した。丸括弧は原文に由来し、亀甲括弧は訳者による補足を示す。翻訳の分担は井形が主に哲学と経済を、斎藤が主に政治と経済を担当した。しかし二人とも、本書を適正に訳出するために必要な専門性を持ち合わせているとは言いがたく、拙いところが多々残っている。白水社編集部の斡旋により、急な依頼に応えて的確な御指摘をくださったドイツ思想専攻の某先生に、この場を借りて厚く御礼申し上げたい。とはいえ最終的な文責は訳者にある。読者諸氏からの御叱正を謹んでお待ちするほかない。

訳者

二〇一四年十二月

訳者略歴
井形和正（いがた・かずまさ）
一九四七年生まれ
一橋大学大学院言語社会研究科博士後期課程単位取得退学
国際社会学、地域研究（フランス、西アフリカ）専攻
主要著書
『移民の社会的統合と排除』（共著、東京大学出版会）
『現代フランス社会を知るための六二章』（共著、明石書店）

斎藤かぐみ（さいとう・かぐみ）
一九六四年生まれ
東京大学教養学科卒
欧州国際高等研究院（ＩＥＨＥＩ）修了
フランス語講師・翻訳
主要訳書
『力の論理を超えて　ル・モンド・ディプロマティーク　一九九八―二〇〇二』（共編訳、ＮＴＴ出版）
Ｏ・ロワ『現代中央アジア』（白水社文庫クセジュ九一一番）
Ａ・Ｍ・ティエス『国民アイデンティティの創造』（共訳、勁草書房）

100語でわかるマルクス主義
二〇一五年一月一五日印刷
二〇一五年二月　五　日発行

訳　者　©　井　形　和　正
　　　　　　斎　藤　か　ぐ　み
発行者　及　川　直　志
印刷所　株式会社　平河工業社
発行所　株式会社　白　水　社
東京都千代田区神田小川町三の二四
電話　営業部〇三（三二九一）七八一一
　　　編集部〇三（三二九一）七八二一
振替　〇〇一九〇―五―三三二二八
郵便番号一〇一―〇〇五二
http://www.hakusuisha.co.jp
乱丁・落丁本は、送料小社負担にてお取り替えいたします。

製本：平河工業社
ISBN978-4-560-50997-5
Printed in Japan

文庫クセジュ

哲学・心理学・宗教

13 実存主義
114 プロテスタントの歴史
193 哲学入門
199 秘密結社
228 言語と思考
252 神秘主義
326 プラトン
342 ギリシアの神託
355 インドの哲学
362 ヨーロッパ中世の哲学
368 原始キリスト教
374 現象学
400 ユダヤ思想
417 デカルトと合理主義
444 旧約聖書
459 現代フランスの哲学
461 新しい児童心理学
468 構造主義
474 無神論
487 ソクラテス以前の哲学
499 カント哲学
500 マルクス以後のマルクス主義
510 ギリシアの政治思想
519 発生的認識論
525 錬金術
535 占星術
542 ヘーゲル哲学
546 異端審問
558 伝説の国
576 キリスト教思想
592 秘儀伝授
594 ヨーガ
607 東方正教会
625 異端カタリ派
680 ドイツ哲学史
704 トマス哲学入門
708 死海写本
722 薔薇十字団
733 死後の世界
738 医の倫理
739 心霊主義
751 ことばの心理学
754 パスカルの哲学
763 エゾテリスム思想
764 認知神経心理学
768 ニーチェ
773 エピステモロジー
778 フリーメーソン
780 超心理学
789 ロシア・ソヴィエト哲学史
793 フランス宗教史
802 ミシェル・フーコー
807 ドイツ古典哲学
835 セネカ
848 マニ教
851 芸術哲学入門
854 子どもの絵の心理学入門
862 ソフィスト列伝
866 透視術